11位帶來愛、希望與勇氣的外國天使

台灣的臉孔

須文蔚／策劃・撰稿
廖宏霖 陳啟民 謝其濬
陳栢青 馬思源／合著

目錄

導讀

溫暖台灣人心十一張愛的臉譜

須文蔚／國立東華大學華文文學系主任

記得進入高中的夏天，忍受溽暑讀《史懷哲傳》，看一位音樂、哲學與神學的天才，為了實踐尊重生命的倫理觀念，發憤學醫，到蠻荒的非洲叢林行醫長達五十餘年。他日以繼夜醫治非洲人的病體，撫慰黑色大陸人們的靈魂。歷經兩次世界大戰，史懷哲夫婦數度遭到拘禁，也曾進入法國俘虜營，無畏飢餓、赤痢和日晒症的折磨，依舊無怨無悔地為非洲人付出。我幾度為史懷哲堅強的意志力折服，至善的感動，竟然讓心中生出一股清涼，忘記了夏日的炎炎。

二〇〇五年讀季德（Tracy Kidder）寫的《愛無國界》，講述法默（Paul Farmer）醫師與公益組織「健康夥伴」（Partner in Health）用嚴謹的學術研究和具體的遊說行動，打動世界衛生組織、世界銀行、各國政府與大企業，協助祕魯照顧結核病和瘧疾病人，促進古巴的公共衛生，改善西伯利亞監獄結核病大量爆發的危機。法默本可在美國名利雙收享受文明生活，但他願意以個人的力量到海地行醫，為貧窮國家籌措醫療資源，更普及許多新藥，降低用藥的價格，改變過去在赤貧地區無法治療肺結核與愛滋病的窘境。法默提醒了世人：知識份子不妨有人類學家的精神，走進田野更可實踐知識與理念。

在花蓮教書之餘，從二〇〇五年我帶著學生深入水璉、豐濱、達蘭埠、卓溪和光復的部落或農村，從事資訊志工的服務工作。踏進人煙罕至的偏鄉，外國神父、修女或牧師以一生的青春，投身貧弱者照顧、原住民文化傳承甚至生態保育工作。他們以樸素、滄桑與溫情的面容，在台灣人都不知道的小村莊中，成為台灣的史懷哲，成為鄉村裡的法默。

接受了無數動人故事的洗禮，我萌生一個念頭：為什麼我們的青年人要捨近求遠，要去閱讀那些遠在天邊的故事？要以在歐洲、非洲與拉丁美洲的故事為典範？我們為什麼不寫出長期為台灣貢獻的外國人的故事？於是我興起企劃《台灣的臉孔》一書，書寫為台灣奉獻的外籍人士生命故事，讓台灣的青年能閱讀這些近在眼前的故事，發現自己土地上存在的問題與缺陷，接受他們善行的感召，進而願意站在他們的身邊，承接他們無疆界的溫情，實現他們不分國籍、城鄉與貧富的愛與夢想！

於是繼二〇一一年《那一刻，我們改變了世界：31個實現自我、把握機會、創造人生的故事》一書，我們再度和遠流的團隊合作。為了此書，曾文娟總編輯安排了兩次焦點團體討論，經過專家與作家的建議，從上百個名單中，推薦出劉一峰神父、羅慧夫醫師、吳若石神父、丁松筠與丁松青神父、彭蒙惠女士、倪安寧女士、施照子女士、嚴沛瀅女士、羅斌先生與郭文泰先生。其中不乏已經備受媒體注目，甚至出版傳記的重量級人物，但我們希望以不同的角度，以及更新近況的觀點，描繪出溫暖台灣人心十一張愛的臉譜。

在寫作的策略上，回應我在過去提出的「鬆綁論」，有感於台灣傳記文學或報導文學寫作上一直陷入下列三個迷思：一、強調報導的絕對客觀化；二、過度表彰「學術化」的書寫框架；三、忽略散文以外的文學體式。以致於紀實文學的寫作多半顯得較為嚴肅，不若西方同類型作品那麼生動與具有感染力。感謝作者群謝其濬、廖宏霖、陳啟民、陳栢青、馬思源在沉重的採訪任務與資料蒐集工作壓力下，願意再三修改，去除過度強調客觀與冷峻的文字，強化故事中角色的塑造、場面的描述乃至於對話的經營，成就了一本可讀性高，情意動人的「生命故事」。

《台灣的臉孔》是「新台灣人文教基金會」本土系列書寫中，一次重大的轉折與突破，要感謝張珩董事長全力的支持，胡定吾與黃光國董事的提點，讓我們能兼顧傳教士、教育家、藝術家與新住民等不同面向。基金會同事杰麟、承思與儀如細心協助研究、資料整理與聯繫，全是幕後功臣。

最後，再次感謝曾文娟總編輯和資深副主編李麗玲專業的編輯團隊，始終以縝密的態度選題，並以嚴謹的眼光進行文稿編輯，還力邀攝影家王漢順加入人物拍攝的工作，編輯團隊像人類學家一樣，深入田野，務求每一張圖片都能呈現出傳主身處的環境，讓故事更顯得真實而有力道。而設計家黃寶琴應允擔綱本書的視覺設計，賦予濃厚的人文氣息，讀者可在翻閱書頁間，細細在指間體會。

推薦序

彼此關愛，互相成就

張碧娟／台北市立第一女子高級中學校長

二十一世紀的台灣，憑著蕞爾小島、有限的天然資源，政治上強敵環伺，外交處境艱困，卻在世界舞台上，成就傲人的經濟實力，且擁有多元豐富的文化內涵。這固然是四百年來，全民胼手胝足開墾所致；而來自各國的移民、移工、傳教士共同辛勤耕耘，也功不可沒。

遙想戰後初期，台灣歷經五十年殖民統治、戰爭的破壞、政權的轉移，局勢危殆；又因國共內戰如火如荼展開，民生凋敝，經濟窘困；政府遷台之後，民心動盪，百廢待興。

這時，許多歐洲、美洲的傳教士、修士，懷抱著高貴的宗教情懷，放棄優渥的生活，離開故鄉與家人，遠渡重洋，來到遙遠貧瘠的台灣偏鄉，積極投入教育、醫療、文化及社會福利的工作。

儘管擁有文化和經濟的優勢，他們並未藉此壓迫台灣人，而是放下身段，發揮熱情與愛心，學習地方語言，融入當地生活，平等對待台灣朋友。更針對當地的需要，創辦學校、育幼院及醫院，改善當地人的生活。

數十年過去，台灣經濟成長了，都市繁榮了，但偏鄉依然是偏鄉，資源仍舊貧乏。於是，從青絲到白髮，由青壯到老朽，他們堅持當年的心願，守護著需要幫助的台灣朋友，直到油盡燈枯的那一刻，從不輕言歇息，這是何等高貴的情操？

另有一群朋友，透過婚姻的關係，成為台灣的一份子，她們生養台灣之子，為家庭奉獻。雖飽受歧視與不公平，但她們未曾失志，反而更感同身受，發揮所長，服務受苦的同胞，這股大愛何等神聖？

也有一群人，因熱愛台灣文化、台灣生活而定居於此，他們既從事戲劇創作，也致力於保存台灣文物，將台灣文化推廣到全世界。這份疼惜文化的苦心，又多麼令人感佩？

新台灣人文教基金會和遠流出版公司，有感於台灣在此蒙昧的時代，應當走出糾結的族群對立，開拓更寬廣的視野，特別企劃《台灣的臉孔——11位帶來愛、希望與勇氣的外國天使》一書，以十一個外國天使為對象，寫出他們奉獻愛、熱情與青春的故事。

書中的十一位天使，有大家熟知的彭蒙惠老師、羅慧夫醫師、吳若石神父，也有丁松筠和丁松青神父，羅斌、郭文泰博士，還有來自法國的劉一峰神父、美國新住民倪安寧，越南新住民嚴沛瑩，以及來自日本的乞丐之母施照子。

無論來自哪一個國家，從事哪一種行業，他們總是平等對待每一個人，無私地付出疼惜、尊重與關愛。在他們眼中，人沒有國籍、膚色、族群、財富多寡的差別，只要是人，都同等尊貴，一樣有價值。這是何等廣闊的胸襟？

感謝基金會與出版社的用心企劃，讓我們學習到人性的高貴與尊嚴，也期盼莘莘學子透過此書，培養開闊的胸襟，不分你我，彼此關愛，互相成就。

你的日子如何，你的力量也必如何。
——《聖經・申命記33：25》

（須文蔚 攝影）

用字紙與文字 為貧民打造屋宇

1

來自法國的神父

劉一峰

○須文蔚

玉里的天主教徒都知道，上帝隨時隨地會耐心傾聽人們的祈禱，劉一峰神父的手機從來不關機，天主堂的大門永遠是開著的。

（王漢順 攝影→）

人物小傳

劉一峰（Yves Moal，一九四一年～），天主教玉里天主堂神父。劉神父年輕時加入天主教巴黎外方傳教會，立下傳教的志願；二十五歲晉鐸後，因為曾經在一本書上看過台灣，便申請到台灣服務。劉神父在台灣的時間幾乎都在花蓮度過，一九九九年，創立「安德啟智中心」的顧超前神父過世後，服務於玉里天主堂的劉神父，接受教會指派成了中心負責人，接下顧神父照顧花東地區身心障礙者的棒子。二〇〇六年申請勞委會多元就業輔導，提供多名智能障礙者工作機會及協助職訓工作。二〇〇一年十一月六日，劉一峰神父回到祖國，在學術最高殿堂法蘭西學術院接受「第六屆中法文化獎」；二〇〇七年劉神父榮獲績優外籍宗教人士。二〇一二年獲得行政院勞委會頒給「多元就業金旭獎」，表彰玉里天主堂以資源回收促進就業與公益的表現。

（王漢順 攝影↑→）

神父遲到的子夜彌撒

十二月二十四日晚上，玉里的子夜彌撒場地燈火輝煌，志工們忙進忙出，隆重準備慶祝耶誕節，教友紛紛來到，他們的臉上充滿著喜悅，要迎接耶穌基督誕生的福音。有人突然發現：駐堂的劉一峰神父不見了！

向來準時主持彌撒的劉神父竟然缺席，過了預定的時間依然不見蹤跡，大家開始不安，比較容易緊張的老人家碎碎唸：「千萬不要出什麼事才好。」

灰髮、削瘦與個子不高的劉一峰神父喘著氣，走進教堂，所有人的眼睛都亮了，也好奇地張望他。神父說：「很抱歉，我遲到了。」

大夥鬆了一口氣，繼續聽神父講：「剛剛一個單親家庭的小學生，家長又失業了，在平安夜餓得發慌，實在忍不住才哭著打電話給我。怎麼辦？就快要子夜彌撒了，要不要去呢？」

有個調皮的孩子大聲說：「神父一定會去的啦！」大家都哄堂大笑，孩子太清楚劉神父的風格。

「我覺得是耶穌在叫我，告訴我還有弱小的兄弟姊妹在餓肚子，所以我就趕去關心他，讓大家操心了！」神父還記掛著那孩子能否吃飽，能否安然度過耶誕節，像是一個父親沒有錢買晚餐回家般的負疚與難過。子夜彌撒就在劉一峰神父溫暖的話語聲中展開，每個人低頭祈禱時，都感覺自己是幸福無比的孩子，受到劉神父的照顧與關愛。

每個人都可以感受到劉一峰神父的照顧與關愛，在安德啟智中心，劉神父照顧四十多位身障或智障的院生，他們串珠、縫紉與木工，為自己的生命贏得尊嚴。（王漢順 攝影）

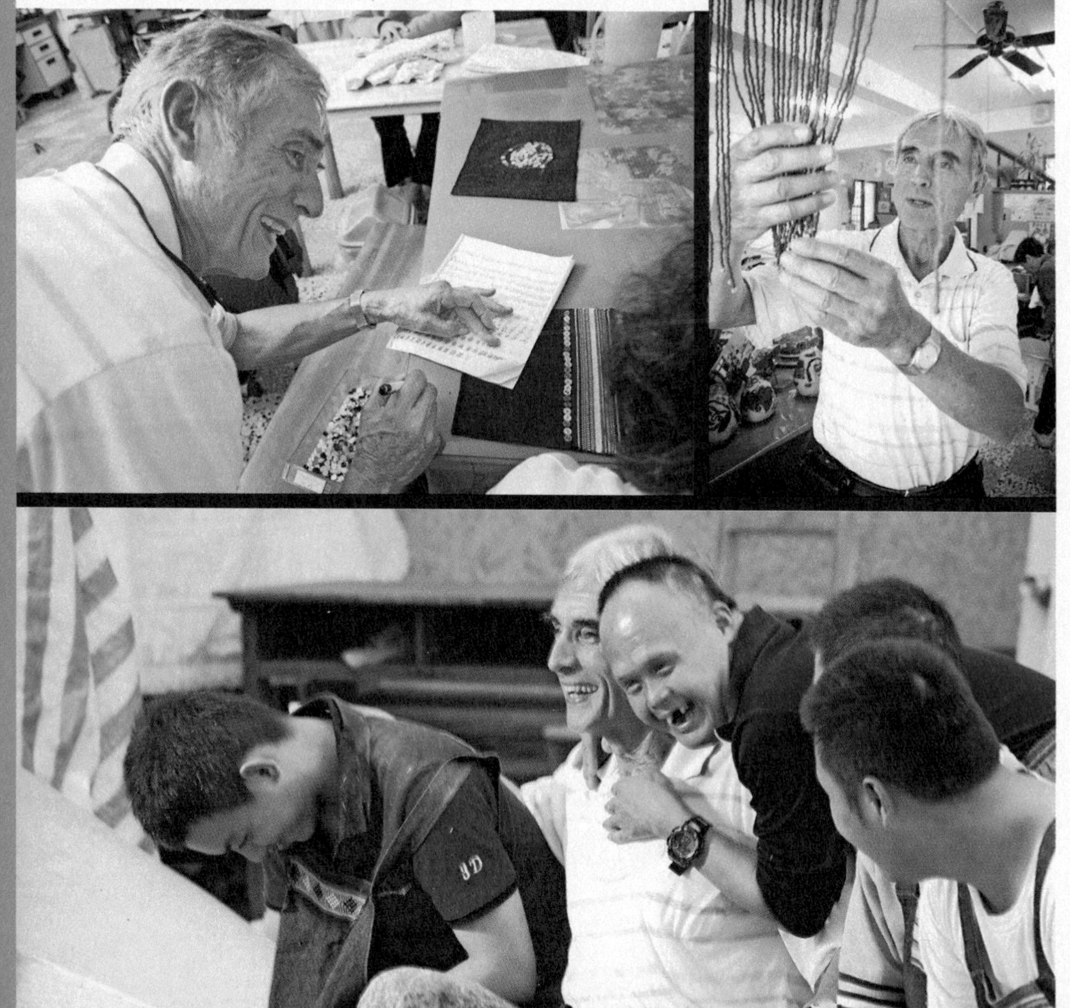

玉里的天主教徒都知道，上帝隨時隨地會耐心傾聽人們的祈禱，劉一峰神父的手機從來不關機，天主堂的大門永遠是開著的。有位精神狀況不好的孩子，一天情緒極度低潮，在自殺前向他求救，神父比消防隊先到現場，在血泊中簡單急救後，趕緊到醫院找救護車來處理。有人在教堂外喝酒鬧事、喧譁爭吵甚至鬥毆受傷，神父會挺身而出去勸架，把傷者帶回教堂包紮，最後一一把傷者或醉漢送回家。甚至玉里榮民醫院的精神病患出院了，家裡不接納，無所依歸的時候，社工會把劉神父的手機號碼給他們，好心的神父就到火車站接送，讓他們暫時有個安頓的地方。

協助神父超過十三年的社工李慧蘭說，劉一峰神父絕對不會拒絕任何的求救，所以他身邊總是有一批老老小小的「跟班」。

簡陋教堂中神父異常的跟班

劉一峰身邊的跟班不是帥氣的黑道小弟或保鏢，有剛出獄的更生人、逃學的中輟生、腦性麻痺的啟智兒或是酒精中毒的病患，他們把天主堂當作家，神父會照顧他們吃飯，甚至有時找臨時的工作讓他們自立。

玉里天主堂沒有宏偉的建築結構，連油漆剝落都靠志工自力救濟，維持外牆的潔白。神父的慈愛是教友最敬佩的，但是總有社工、信徒或其他神職人員會提醒神父：「你身邊的更生人或病患好像情緒不太穩定，我們會害怕。」也有人說：「天主堂收留太多像流浪漢的人，教友都不敢接近了，為了教堂好，一定要把他們都趕走！」劉神父總是笑而不答，他心裡頭一直掙扎著，其中他最放不下的是阿問和阿威（匿名）。

快要四十歲的阿問是「胎兒酒精綜合症」（Fetal alcohol syndrome, FAS）的患者，阿問的母親在妊娠期間酗酒，使他在胎兒階段就造成永久身心缺陷。和多數病患一樣，阿問在出生前中樞神經系統就遭到酒精無情破壞，他的神經細胞及腦部結構發育有障礙，成年後經常酗酒，更顯現出衝動、反應遲鈍、注意力不足及理解力差的精神狀況。因為自小在學校就是問題兒童，出社會也找不到工作，阿問誤入歧途過，從監獄出來後，成日酗酒，連家裡都待不下，就只有神父收容他。

阿問平日很沉默，看來有些傻乎乎，行動也不協調，但只要喝了一點酒，想起不如意的人生，或是心情莫名不好，就生龍活虎起來，經常對人咆哮。有時他在一樓罵人，在二樓主持彌撒的劉神父都不禁要皺眉頭，更讓教會的志工與教友感到頭疼。神父知道當阿問心情糟的時候，不要和他硬碰硬，理性的安撫也無法奏效。焦躁的阿問曾經幾度一面揮拳、一面對著神父吼叫：「我要錢買香菸啦！你給不給錢啊你？」

只見憂傷的神父從羞澀的阮囊中掏出一點錢：「阿問，去買菸！」藉由紙捲菸點燃的煙霧消散阿問的焦躁。

來自馬來西亞的志工黃婉秋說，不只阿問經常惹事，另一個更生人阿威也讓她和大家感到不安。阿威經常醉酒鬧事，和阿問一言不合就打起來，甚至作勢要攻擊對面國小的孩子。

有一天晚上，阿威醉醺醺地坐在天主堂的院子裡，見到黃婉秋回來就拉著她的手：「婉秋，婉秋，我完了！妳可以陪我講講話嗎？」

「怎麼了？」婉秋顫抖著聲音，把手掙脫。

「我可能因為疏忽照顧女兒，要再度回到監獄中，我完了！我完了！」阿威一直喃喃自語。

「我先回房放東西，等一會再來陪你。」婉秋急忙往樓上跑。

在房間中稍微穩定心情後，她到教堂內跟劉神父說：「神父，我很害怕，阿威又喝醉酒了，而且他很擔心又要回去坐牢。」

神父憂傷地說：「他又喝醉了，真糟糕！」

「為什麼不把他們送走，天主堂附近的鄰居也都不安心。」

「不可以！我沒辦法，如果把他們趕走，我的良心一定不安，會覺得……不應該這樣。可是要把阿威送到戒酒中心，我手邊的錢也不夠。」

「可是，我會害怕。」

「不要害怕，我知道大家的恐懼，可是阿問和阿威本性都很善良，只要我花多點時間陪伴他們，多對他們付出關懷與愛心，最起碼他們不會發狠，不會做壞事，至少可以減少一些社會問題。」神父苦笑著，用眼神安慰婉秋，轉身去看顧阿威。

在李慧蘭眼中，就是因為劉神父一次又一次超乎常人的寬恕與包容，總是讓阿問和阿威覺得有家可歸，脾氣漸趨溫馴，甚至知道苦力不該由年長者承擔，會主動協助神父。他們跟在神父身邊，在彌撒時分派經書與歌本，擔任輔祭，甚至到安德啟智中心照顧腦性麻痺、

位於富里鄉安德啟智中心職訓部的小花園（上）。（王漢順 攝影）

玉里天主堂沒有宏偉的建築結構，有著來自各界滿溢的溫情（下）。（王漢順 攝影）

唐氏症或身障的孩子。他們以能夠為神父分勞而感到驕傲，對照其他病弱的孩子，他們顯得身強體健，實在沒有悲觀的權利，慢慢振作了起來。

接下安德啟智院的千斤重擔

讓迷途羔羊重返正道固然備極艱辛，劉一峰神父還承擔了教養花東地區智障、身障、遭棄養青少年的責任，管理安德啟智院，這是顧超前神父交給他的千斤重擔。

顧超前神父一九八〇年在花蓮縣富里鄉傳教時，想起在法國的哥哥為了照顧家中一名智能不足的孩子，弄得身心俱疲，家庭陷入經濟困境。同樣悲慘的畫面也出現在他訪視過的許多弱勢家庭中。於是他創立了「安德啟智中心」，收容智商三十以下的中、重度先天性智障兒童，以及罹患腦性麻痺、自閉症等二至十八歲的兒童和青少年。以一對一的方式，依照孩子個別的差異，培養他們生活自理能力、感官知覺動作訓練、說話訓練、物理治療、體能活動，以及讀、寫、算、社會常識、美勞、律動等教學。

安德啟智中心創辦時，花東還是相當落後的農村，特殊教育得不到政府與企業的重視，顧超前神父積極向國外教會與企業募捐，幾乎半數的捐款都來自國外。一度經費不足，為了擴充教學設備，他還專程回到法國故鄉，變賣了自己的全部家產，讓弱勢與身心障礙有個學習的環境。顧神父堅信，殘障兒童需要家庭的溫暖和關懷。安德啟智中心的兒童，每天都要回家與家人團聚過夜，他不辭辛勞地接送，希望家人和孩子能緊密生活在一起，一

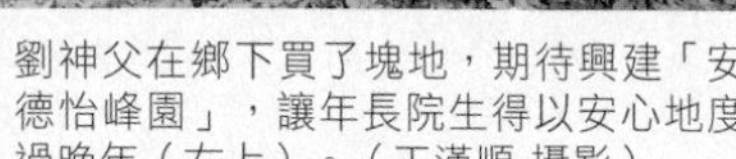

劉神父在鄉下買了塊地，期待興建「安德怡峰園」，讓年長院生得以安心地度過晚年（右上）。（王漢順 攝影）

創辦安德啟智中心的顧超前神父，來不及看到院生習得一技之長，就與世長辭（左上）。劉神父接下照顧花東地區身心障礙者的棒子，和修女、同事們努力教導中重度障礙的院生製作竹掃把、木工等等，希望藉由工作讓院生都有事情可做，為自己贏得更多尊嚴與他人的尊重（中、下）。（王漢順 攝影）

起成長。

一九八二年九月，安德啟智中心遷移到人口更密集的玉里鎮現址。一九九九年五月十六日，顧超前神父過世後，五十八歲的劉一峰神父接受教會指派，接下顧神父照顧花東地區身心障礙者的棒子。劉一峰很快就發現「安德」面臨了兩大挑戰：一是，「安德」的孩子經過近二十年的歲月，已經慢慢步入成年與中年，他們要如何獨立自主？二是，隨著台灣經濟的發展，外國的援助與捐款日漸減少，啟智中心的財務日益捉襟見肘，該怎麼辦？

面對日漸長大成人的「安德」院生，顧超前神父去世前一年的九月，已經在富里鄉東里村成立安德職訓部，可惜他來不及看到院生習得一技之長，就與世長辭。劉一峰知道，安德的孩子連生活自理都不容易，要能夠透過職業訓練習得工作技能，最終自給自足，是遙遠的夢想。但他和修女與同事們努力教導中重度障礙的院生製作竹掃把、木工、點心等等，目的不在貼補支出，而是希望藉由工作讓院生都有事情可做，為自己贏得更多尊嚴與他人的尊重。

一轉眼，劉一峰神父接手安德啟智中心也有十四年了，有三位院生已經超過四十歲，眼見很快就要超過法定收容四十五歲的上限。長年陪伴院生的社工李紅櫻說，由於身障者老化較快，加上部分智能不足或患有精神障礙者，長期依賴熟悉的社工、神職人員照顧，神父實在捨不得讓這些在安德成長與老去的院生離開，他們的家人也不放心。劉神父在鄉下買了塊地，期待興建「安德怡峰園」做為終生庇護所，讓年長院生得以安心地度過晚年。

劉一峰的責任愈來愈沉重，卻遭遇到經濟不景氣，國內外的捐贈日益萎縮，為了籌募經費，可讓他的頭髮愈來愈灰白。

神父不在教堂，在資源回收場

十幾年前有一天，舊貨商沿街收購舊報紙，劉一峰神父把天主堂中積累多時的舊報紙、雜誌與書籍抬出來。一個小小的資源回收動作，得到了十塊錢的收入。望著銀閃閃的銅板，他心中靈光一現：「感覺像上帝打開了一扇窗，開啟天主堂的新財源！」

劉一峰神父開始講《聖經》，也講環保的道理，呼籲教友把家裡的過期報紙、雜誌、書籍捐出來，不但可以改善居家環境的整潔，還可以幫助安德啟智中心的發展。既然一舉兩得，玉里天主堂的鄰居也開始共襄盛舉，各種廢紙、玻璃瓶罐、塑膠罐與舊家電等等，都擠進天主堂的庭院中。

舊貨商提醒神父，回收資源分類愈細，分出來的可再生利用物品就愈多，相對價格也就愈高。劉一峰神父每週兩天帶著台、法籍義工、修女、安德啟智中心學員，一起整理瓶瓶罐罐和廢紙板。年老的劉一峰神父比較早起，更是經常一個人在黎明破曉前的庭院裡，整理舊報紙和瓶瓶罐罐。教友往往不知道，劉一峰神父經常滿頭大汗主持彌撒，其實是一早先當了幾小時資源回收義工，還來不及拭去汗水！

剛開始，每個禮拜六早上利用教堂老舊的箱型車做資源回收，收回的物品在大禹堂口公園做分類處理。後來不僅僅接受捐贈，劉一峰神父還主動出擊，開著小貨車，到玉里鎮郊回收物資，天主堂與公園很快就不夠收納。李慧蘭靈機一動，劉一峰神父身邊總有那麼多來來去去的「跟班」，要為他們安頓住所，還要尋找工作機會，不妨申請行政院勞委會的多元就業方案，讓身心障礙或長期失業的人們，一起從事兼具環保與社會公益的工作。在勞委會支援下，十二個專職的工作機會進入玉里天主堂，讓劉一峰神父得以在鎮外成立規模更大的資源回收場，開啟他的「環保大業」。

劉一峰神父認真起來，真叫人難以置信。回收場中最醒目的莫過於一箱箱的啤酒玻璃瓶，神父指著綠瓶子說：「平常沒有人要啦！這個最重，也是最便宜的，一公斤才五毛，可是我們還是要，什麼我們都要收。」抱持什麼都要收的精神，神父開著小破車，最高紀錄一天跑過二百多個站，涓滴成海，讓資源分類站的工作人員完全閒不下來。

十幾年來，劉神父的資源回收成績相當傲人，累計各界捐助的舊報紙和廢紙居然籌得了足夠資金，不但支應擴建安德啟智中心，多餘的款項還能捐助其他弱勢團體。他總是一襲舊衣與涼鞋，心心念念募集更多字紙，能為安德的院生建構更安穩的家，也建構一個更好的圖書館。

化廢紙而成圖書館與書店

劉一峰神父開始資源回收的時候，蒐集到一些書，也隨著舊報紙一起出售。他說：「那時候都是用公斤來賣，可是我們心很痛，覺得太可惜了！」愛書成痴的他，四十多年前就

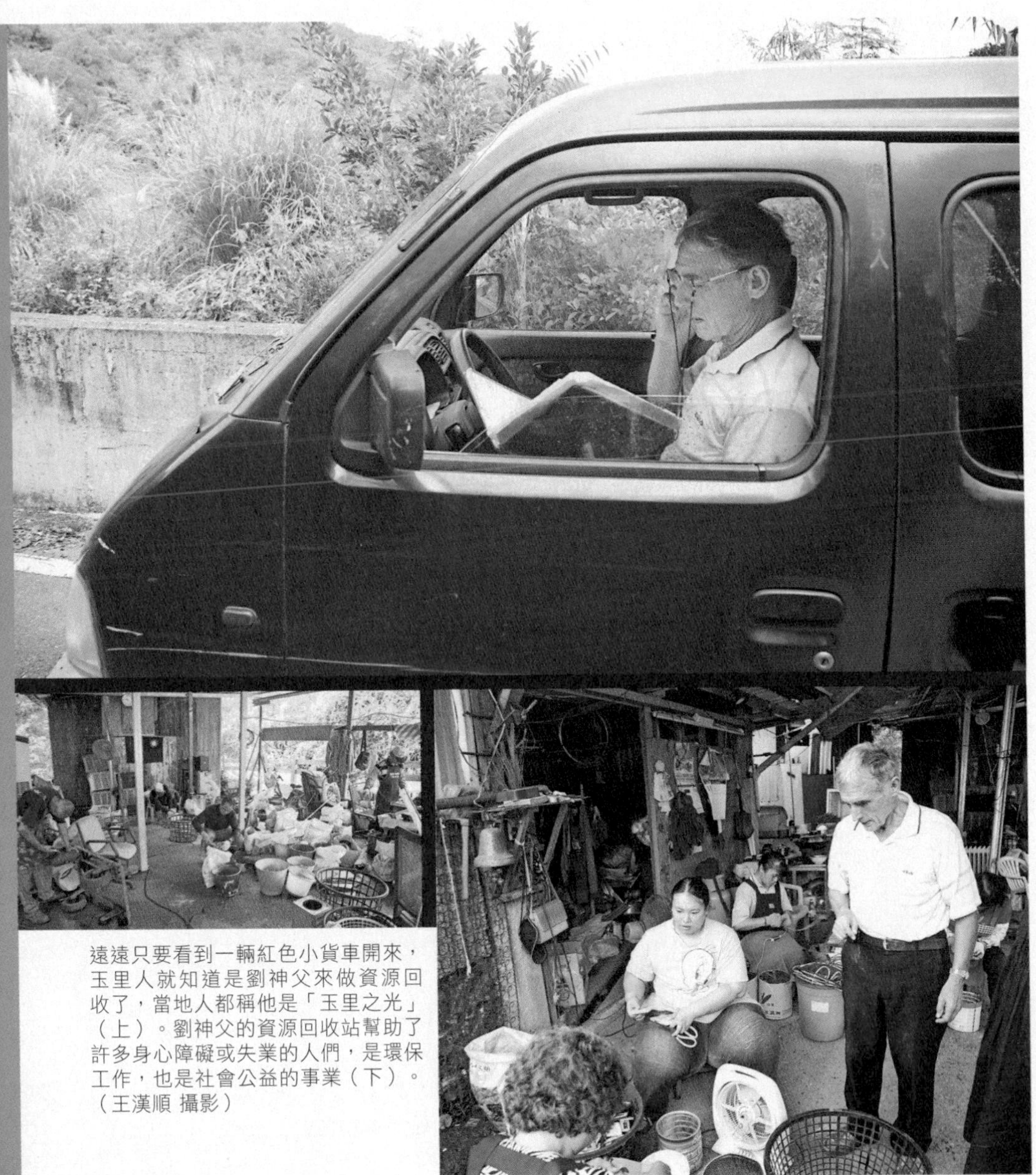

遠遠只要看到一輛紅色小貨車開來，玉里人就知道是劉神父來做資源回收了，當地人都稱他是「玉里之光」（上）。劉神父的資源回收站幫助了許多身心障礙或失業的人們，是環保工作，也是社會公益的事業（下）。（王漢順 攝影）

開始在教堂裡設置小圖書館，讓教友有更多親近精神食糧的機會。偶爾在成堆的報紙和雜誌中夾雜著書本，總讓他欣喜若狂。經過十幾年的努力，加上妥善的分類，玉里天主堂一樓不是聚會所，而是一間圖書館，收藏有近千本的書籍，其中不乏六、七〇年代出版，目前已經絕版的文學創作、翻譯書籍或是童書，價值不斐。

可是孩子看到泛黃的舊書，總提不起興趣閱讀。二〇一〇年「財團法人誠品文化藝術基金會」的閱讀分享計畫進駐花蓮，劉一峰神父動了一個念頭，想汰舊換新，引進一批青少年適合閱讀的新書，吸引孩子們走進閱讀的世界。在誠品文化藝術基金會的協助下，天主堂的閱覽室煥然一新。劉一峰更慷慨地把圖書室中珍藏的繪本與童書捐贈給國立東華大學圖書館，讓研究幼教的師生有更多研究的文本。

劉一峰說，現在從外面看，圖書館像新的，最重要的不是把書好好地排在書櫃裡，而是善加利用，想辦法讓更多人來看這些書。當地孩子們成天打電腦與玩線上遊戲，總是沒有閱讀的動機。劉神父一點也不氣餒，他買了小禮物，鼓勵小朋友在自己的部落格上寫讀書心得，希望書能走下書架，飄入孩子們的眼簾，進入孩子的心中。

玉里鎮民眾知道神父愛蒐集書，許多人經過天主堂前的小回收站，總是會順手捐出一些書籍。天主堂一時書滿為患，於是神父靈機一動，與署立玉里醫院一起規劃，建立「天使之鑰」二手書舖。讓書籍有再次流通的機會，更重要的是，讓身心障礙的「安德」院生有機會在此打工，自主經營賺取生活費。

古庭魁是安德啟智院的院生，三十歲的他一度負責招呼「天使之鑰」生意。顧客挑好書

玉里天主堂一樓不是聚會所，而是一間圖書館，在誠品文化藝術基金會的協助下，天主堂的閱覽室煥然一新。劉神父希望書能走下書架，飄入孩子們的眼簾，進入孩子的心中（上、左下）。（王漢順 攝影）

成立「天使之鑰」二手書舖，除了讓書籍有再次流通的機會，更重要的是，讓身心障礙的「安德」院生有機會在此打工，自主經營賺取生活費（右下）。（王漢順 攝影）

給庭魁：「一共多少錢？」

庭魁憨憨地回答：「一本二十，五本一百元。」

「那三本多少錢？」

「不知道！」

所以顧客就要自己算好價錢拿給庭魁，多付錢的遊客也不在少數。

「天使之鑰」二手書舖是一個不起眼的小書店，卻成為花蓮愛好藏書者的朝聖地點。在花蓮市區開設「舊書舖子」的張學仁就說，劉一峰神父蒐集與整理舊書很有眼光，加上價格很低廉，他到玉里訪書，常常會發現一些精彩的二手書，收購後帶回書店與書迷分享，讓好書有機會遇到有緣人。

用語言為原住民打造屋宇

劉一峰神父愛書，對研究語言有興趣，是從小在法國就養成的嗜好。他一九四一年出生於法國西北部的布列塔尼半島（Bretagne），半島的北部面向英倫海峽，南部對著比斯開灣，古城阿摩里卡。當地山海相映，湛藍的海岸邊石丘與沙丘交織，沿岸有著海灘、海灣、岬角和懸崖，美不勝收。島上山脈起伏，有阿雷峰（Monts d'Arree）與黑山（Montagnes Noires），森林與湖泊密布，生態豐富，和花蓮的山海交映十分神似。

劉神父年輕時就加入的「天主教巴黎外方傳教會」，是由兩位安南（今越南）法國籍的

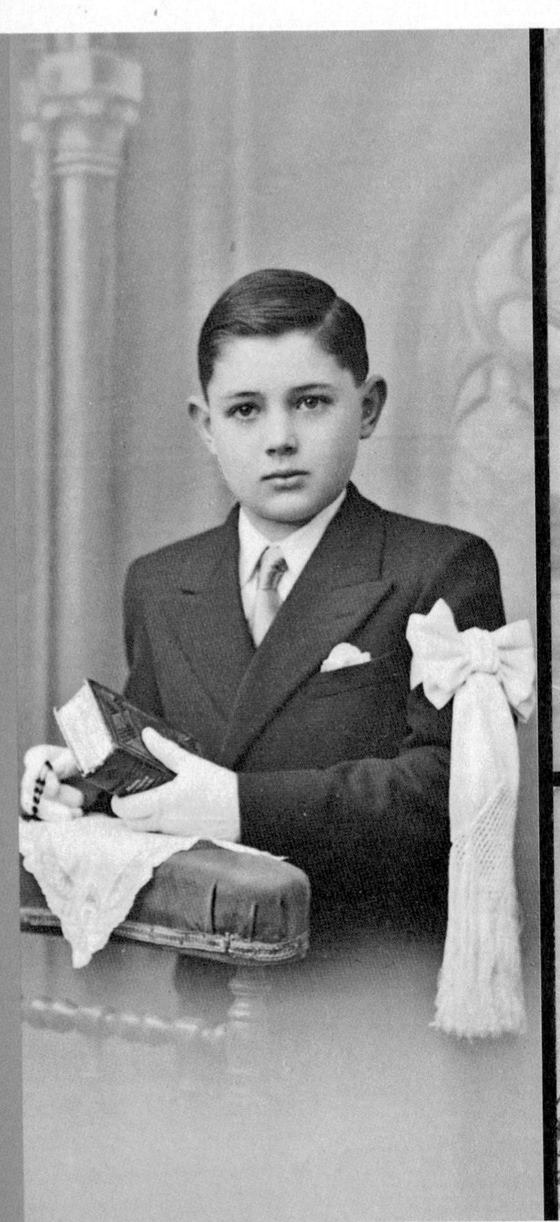

SNCF N° C 358332
CARTE D'IDENTITÉ
FAMILLES NOMBREUSES
VALABLE JUSQU'AU 3 MARS 1952
DONNANT DROIT A UNE RÉDUCTION de QUARANTE %
MOAL, Yves
LE TITULAIRE ATTEINDRA 10 ANS LE
Signature du chef de famille :
RÉGION DE L'OUEST
Cette carte ne peut en aucun cas servir de titre de parcours
Mod. C.C. 167

小時候的劉一峰，與哥哥、妹妹合影（右上）。（劉一峰 提供）

手拿《聖經》的劉一峰（左）與生平第一張身分證（下）。（劉一峰 提供）

主教巴廬（François Pallu）和朗伯特主教（Pierre Lambert de la Motte）於一六六〇年創立，是歷史上最早從事海外傳教的天主教組織。巴黎外方傳教會主要在亞洲傳教，包括越南、柬埔寨、泰國、韓國、日本、台灣、香港等地。當他二十五歲晉鐸後，就打定主意到台灣服務，於是揮別了含淚送行的父母，從法國南部的馬賽搭船，花了一個多月才到達台灣。

法文名字Yves Moal的他，在取中文名字時頗有巧思，以Yves的諧音「一峰」做為名字，希望自己能始終懷抱著高峰般崇高理想。神父說：「一峰還有一個人要住在山中間的意思。」沒想到這個名字就像一則預言，他自此將近五十年的歲月，悉數奉獻給花東縱谷裡的人們。

花蓮是台灣最多元族群語言的區域，劉一峰為了傳教所需，很快學會了一般常用的國語和台語，在部落拜訪教友時，學會了阿美族語，也略為通曉客語及布農族語。一個法國的年輕人何以有超強的語言學習能力？常讓教友覺得不可思議。

二〇〇一年十一月六日，六十歲的劉一峰神父回到祖國，在學術最高殿堂法蘭西學術院接受「第六屆中法文化獎」時，人們才發現：神父們講道時，時而國語，時而台語，時而阿美族語的超強語文能力，固然來自刻苦的學習，更重要的是以嚴謹的方法採集原住民族語語料及編輯字典，轉化為神父們學習語言的堅強後盾。

在第六屆中法文化獎頒獎典禮上，當時的行政院文化建設委員會主委陳郁秀指出，中法文化獎頒給劉一峰等四十二位花蓮巴黎外方傳教會傳教士，是要讚揚他們能夠保留台灣原住民語言與文化資產，不僅以原住民語將福音傳給民眾，許多神父還以花蓮為安息之地，

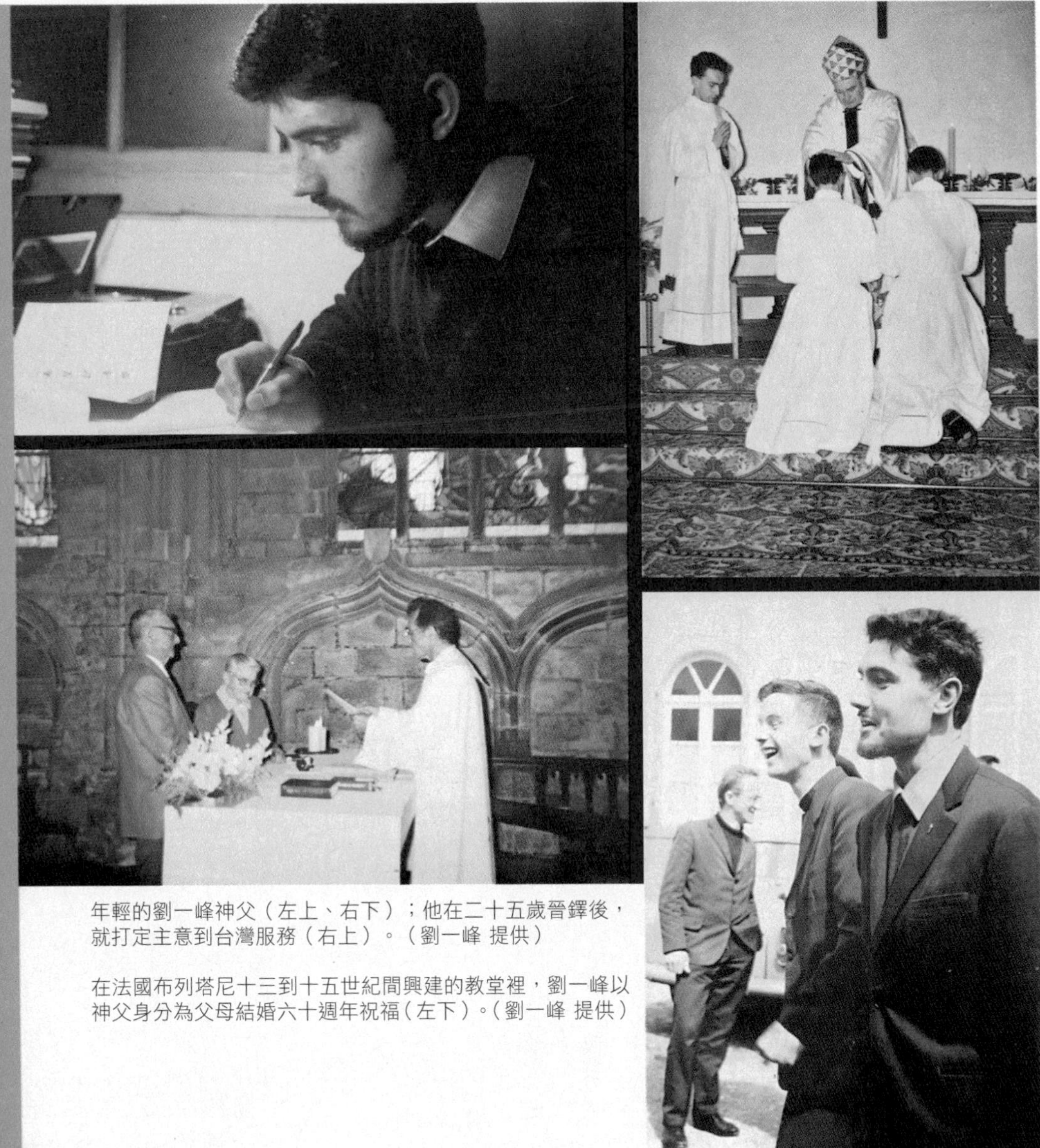

年輕的劉一峰神父（左上、右下）；他在二十五歲晉鐸後，就打定主意到台灣服務（右上）。（劉一峰 提供）

在法國布列塔尼十三到十五世紀間興建的教堂裡，劉一峰以神父身分為父母結婚六十週年祝福（左下）。（劉一峰 提供）

讓人感動。

花蓮巴黎外方傳教會的博利亞、潘世光和劉一峰等許許多多神父，從一九五六年起，歷經四十年的蒐集及整理，利用傳教的機會，進行實際的田野調查，以一卡一單字最基本、最原始的手工操作方式，把逐漸流失的阿美族語、布農族語詞彙慢慢累積起來，編撰了《阿美族——法語辭典》、《阿美族——美語辭典》以及《布農族——法語辭典》等多種原住民語言字典，並蒐錄原住民相關神話傳說。他們的學術成就讓人驚訝與歎服，也在台灣獲得許多出版與學術研究獎項。

低調謙虛的劉一峰神父代表領獎，他回溯歷史，娓娓道來：五十年前，巴黎外方傳教會開始有神父到花蓮服務。神父們和阿美族、布農族及泰雅族的原住民接觸，很自然地學習原住民的語言習俗及傳統。為了讓傳教工作更親切與貼近原住民的弟兄姊妹，並且保存原住民文化，於是有的神父與教士著手進行字典和文法書的編輯，有的教士蒐集原住民傳統口傳文學，有的神父以數種原住民語言翻譯《聖經》及禮拜儀式上的用語，陸續把成果出版。他眼裡閃著淚光，腦海裡浮現的是一九九七年因為喉癌摘除聲帶的博利亞神父的身影，他每天依舊在玉里鎮春日阿美族部落的天主堂，坐在電腦前孜孜不倦整理阿美族語料，彷彿在和天主爭取時間，要為台灣留下更多寶貴的文化。

語言是人們的居所，法國神父為沒有文字的原住民編字典，正是用語言為原住民建構了屋宇。劉一峰說：「獲得中法文化獎對我們而言，是很大的鼓舞，使我們能繼續未完的工作，這同時也是向原住民表達深深敬意的一種方法，他們的文化和認同感，在整個社會的

五十年前，巴黎外方傳教會開始有神父到花蓮服務。神父們和阿美族、布農族及泰雅族的原住民接觸，很自然地學習原住民的語言習俗及傳統。（劉一峰 提供）

現代化與工業化中遭受到極大挑戰。」他在頒獎典禮的現場宣布，將二十五萬法郎的獎金捐出，用來保護原住民文化古蹟，並改善原住民的日常生活，希望協助年輕一代能重新找回自信及尊嚴，讓原住民族對未來充滿希望。

用電腦為病患打開一扇窗

劉一峰神父的創意沒有停歇，募集資源、救助貧困、開二手書店或是編輯字典，只是救急，照顧弱勢或保留即將逝去的文化，他更想提供的是機會，讓原住民、偏鄉孩子或是精神病患學習成長，掌握挑戰未來的能力。二〇〇八年他接受教育部的委託，在天主堂一樓的角落開設了一間電腦教室，設置「玉里數位機會中心」。

李慧蓉和多數的玉里人一樣，年少時離鄉背井，到大都會工作，就和花蓮斷了線。二〇〇七年暑假回玉里，到天主堂當志工，知道神父打算設立電腦教室，就自告奮勇加入數位機會中心，協助安排課程、招生、管理網站、輔導商家投入電子商務甚至拍攝影片。經過東華大學輔導團隊的介紹，李慧蓉認識了剛得到全球華人部落格比賽首獎的青年農夫謝銘鍵——暱稱「劍劍米」，以詼諧的筆調與幽默的漫畫記錄農家生活，走紅於網路。有他加入師資陣容，玉里數位機會中心的教室裡總是洋溢著歡笑。

負責督導數位機會中心的李慧蘭很驕傲地說，玉里鎮有很多社區都有電腦教室，公所的長官對她說：「好多電腦教室都拿來養蚊子，只有天主堂真的提供民眾使用。」不只民眾

劉神父親自到因工程意外而受傷的信徒家中為他祈禱（上）；他也常到安德啟智中心看顧院生，鼓勵他們發揮所長（下）。（王漢順 攝影）

來學電腦，還有學員來這裡進行復健。

玉里榮民醫院附設康復之家的護理長韓玉玲來拜訪劉一峰神父，提到院內有一批症狀穩定的慢性精神疾病患者，配合精神科治療的意願高，很想進入復健的程序，透過學電腦進一步習得一技之長，將來出院後可以順利開展新生活。劉一峰神父很開心地答應了，他回想起一九八六年剛到玉里的第二個禮拜，就受邀到病房，用歌聲關懷過這些病人，長期和病人們相處，知道他們與世隔絕，為疾病所苦，身心都不免退化。劉一峰尋思：「如果病友們可以走出醫院，到天主堂來學電腦，那麼既可以治療身心，又能多與社會接觸，真是太好的想法。」依照劉氏風格，自然就答應了，也為受精神疾病所苦的病人開了一扇通往世界的窗戶。

其後加入數位機會中心的林志明，是阿美族青年，在基隆長大，在北部工作了一段時間，受不了都會生活的擁擠與冷漠，也厭倦了成天線上遊戲的宅男生活。回到家鄉工作，輾轉在幾個社區營造計畫中，雖然薪水穩定，但是他還是沒有得到動力安定下來。直到二〇〇九年四月到玉里天主堂的數位機會中心擔任講師，也在教堂當志工，發現原來他習以為常的電腦技能，在偏鄉竟然是鮮為人知的功夫。

雖然在數位機會中心的薪資不比以前，但在此地工作很快樂、也很有趣，不會像以前重複做同樣的工作，每天充滿了不同的挑戰。他說：「在這裡我第一次當老師、第一次當記者……太多未知的新鮮事等我去發掘並去實踐。」而且他感受到劉一峰神父的溫暖與拚勁，決定要給神父一個驚喜。

塞納河在玉里靜靜地流淌著

「天使之鑰」二手書舖位於署立玉里醫院醫護宿舍外，側邊有一道長長的圍牆，林志明知道神父來自巴黎，也常聽劉神父比手畫腳地描述，塞納河畔林立的二手書攤是如何綿延數公里之長，書香隨著河水飄散著。於是他和妹妹決定攜手畫壁畫，一解神父的鄉愁。當壁畫完成，劉一峰神父沿著街道走著，彷彿踱步進塞納河畔的綠蔭，撞見巴黎聖母院，接著是巴黎鐵塔，經過香榭大道後，在油彩滿布的法國風光旁，才走進四層書架的二手書店。林志明說：「神父第一眼看到壁畫時，他滿驚訝的，也很高興！」

經過了四年的風吹雨淋，壁畫漸漸褪色了，但林志明依舊在玉里天主堂擔任志工，他最近又重新拾起畫筆，用更亮麗的色彩，導引塞納河在玉里的街邊靜靜地流淌著，水聲告訴所有的教友、住民與遊人：這裡有位來自法國的神父，他寬容敦厚如江河，他愛書，他珍惜字紙，他的夢想是打造屋宇，安置玉里貧困與病弱的人。

李紅櫻感性地說：「神父總是把今天當作明天在用！」每件他關心的事情如果今天不完成，好像明天就會來不及。她形容劉神父是不怕燃燒殆盡的蠟燭，他總覺得蠟炬成灰都還是有作用的。

永遠神采奕奕的劉一峰神父已經七十二歲了，他每天依舊開著小貨車，穿梭在玉里的鄉間小道，揮汗搬運著回收資源。知道自己終將老去，劉一峰神父告訴玉里人，只要不麻煩大家，希望有一天就倒在玉里的土地上，埋骨於此，永遠與台灣不分離。

在玉里天主堂擔任志工的林志明，用亮麗的色彩，為劉神父畫出塞納河的風光，一解神父的鄉愁（右）。而協助劉神父超過十三年的社工李慧蘭（上）和長年陪伴安德院生的社工李紅櫻（下），是劉神父的得力幫手。（王漢順 攝影）

有信仰的人

2

來自美國的醫師
羅慧夫

在他還小的時候，從沒想過自己會成為一名宣教士，甚至還是一位站在手術檯前的醫生。

◎廖宏霖

（王漢順 攝影→）

人物小傳

羅慧夫（Samuel Noordhoff，一九二七年～），出生於美國愛荷華州的橙鎮（Orange City, Iowa）。一九五〇年畢業於密西根的侯普學院，並進入愛荷華大學醫學院服務。一九五四年與在醫學院結識的白如雪（Lucille Noordhoff）結婚。一九五六年進入密西根州大湍城（Grand Rapids）的百特歐斯醫院（Butterworth Hospital）接受外科住院醫師訓練，四年在外科，兩年在整形外科。一九五九年應馬偕醫院之邀，以醫療宣教士的身分，偕同妻兒落腳台灣。一九五九年至一九七五年間，擔任馬偕醫院院長，提倡身、心、靈全人治療觀念，並創辦台灣首間「唇顎裂治療中心」。一九七六年，羅慧夫離開馬偕醫院，轉任長庚醫院，擔任創院院長及整形外科主任，並成立台灣第一個顯微中心、美容中心。一九八一年獲頒長庚醫院永久榮譽院長；一九八七年成立長庚紀念醫院「顱顏中心」，為全台第一個落實專業分科、講究科際整合的全人醫療服務團隊。一九八九年以個人名義捐出十萬美金，成立「財團法人羅慧夫顱顏基金會」。一九九二年正式卸下宣教職務，並於次年獲得「吳尊賢愛心獎」。一九九四年獲頒國際整形外科最高榮譽的麥林尼克（Maliniac）特殊貢獻獎。一九九六年榮獲台灣「醫療奉獻獎」。一九九九年在總統府獲頒象徵最高榮譽的「紫色大綬景星勳章」，同年，正式退休返回美國，不過仍時常與台灣社會保持聯繫，二〇〇九年也偕同夫人返台慶祝「羅慧夫顱顏基金會」二十週年。近年罹患帕金森氏症，在美治療與靜養，情況已漸趨穩定，但較少出席公開場合。

（王漢順 攝影↑；羅慧夫顱顏基金會 提供→）

最後一檯刀

那是羅慧夫離開台灣以前的最後一檯刀。

一九九九年十一月九日，長庚醫院的顱顏中心開刀房，四十年如一日的手術室裡瀰漫著一股不尋常的氣氛，就連平常羅慧夫不以為意的心電圖與呼吸監測器所發出的電子聲響，在此刻都漸漸發巨大了起來。站在他旁邊的是許久不跟刀的護理長林麗虹。林麗虹低聲地跟他說：「院長，你敢知影？你來這第一次開刀，我就站在你的邊仔。」說完眼淚就掉了下來。這時他突然驚覺，自己這一生待在台灣的時間竟不知不覺早已超過了待在美國的時間。時間是有重量的，就像那一顆顆向下墜落的淚珠，彷彿擲地有聲。

他今天的助手是顱顏中心主任陳國鼎醫師，加上許久不曾親自刷手上陣的護理長林麗虹，他知道這是大家為他精心安排的一個像是某種穿越時光的復刻版組合。陳國鼎是他的得意門生，兩人之間的默契是在白袍翻飛、時光流轉的幾十年間所建立起來的。

手術檯前，一切準備就緒。如同往常一般，羅慧夫低下頭禱告，這是他長久以來做為一個有信仰的人所不曾忘記的習慣。在他還小的時候，從沒想過自己會成為一名宣教士，甚至還是一位站在手術檯前的醫生。從小成績並非頂尖的羅慧夫，「當醫生」是一個只能放在心裡無法與人宣說的那種難以實現的「夢想」。沒想到當兵兩年竟被分配在軍醫院的開刀房擔任技術助理，羅慧夫退伍之後就靠著那兩年寶貴的「臨床經驗」，一邊到醫院打工賺取學費，一邊準備醫學院的入學考試，最後終於如願申請到愛荷華州立大學醫學院。

小時候，羅慧夫從沒想過自己會成為宣教士，甚至還是站在手術檯前的醫生。（羅慧夫顱顏基金會 提供）

為了維持病人的體溫，手術室裡的室溫必須隨時調整。也許是外面那一台全程轉播的攝影機，黑而深邃的鏡頭像是一隻在回憶裡凝視著他的瞳仁，竟讓他的身體感覺有些燥熱。他不禁想起剛到島國時，台灣的醫療設備還不完備，夏日炎炎，開刀房裡竟然是用大塊冰磚加電風扇來維持室溫。那幾年，來自溫帶地區的他，總是揮汗如雨地完成一次又一次的手術。那時候的護士甚至相當貼心地在透氣不佳的手術衣後背剪破一個大洞，為他製作了一套獨一無二的「露背」手術衣，讓他還來不及習慣當地氣候的身體，先熟悉了台灣人細心而豪爽的人情與行事風格。「多麼懷念那樣的汗水啊！」在此刻這個已能夠用中央空調精確調控溫度的房間，他心裡這樣想著，好像就有那麼一顆飽滿著回憶的汗水就要從額際滲出。

想像中的汗水還未滴落，往事已如大雨滂沱。

有智慧的夫子

他還記得那是一九五九年的夏天，他在美國密西根州的百特歐斯醫院接受四年實習訓練的最後一年，過完這個漫長的夏天，他就成為一個合格的醫生了。當時的未來就像看一場已經知道結局的電影，他已經能夠預想得到自己將在這個夏天過後，覓得一家醫院工作，或是開一間診所、賺錢、買一間小房子、經營一個美好的家庭。一切理所當然，彷彿上輩子也是這樣度過的。一直到他輾轉收到一封來自台灣馬偕醫院院長夏禮文（Dr. Clarence Holleman）徵求宣教士的來信，那是一封他讀過寫得極好的一封信，即便一開始只是禮貌

羅慧夫和妻子露西與年幼的兒女。
（羅慧夫顱顏基金會 提供）

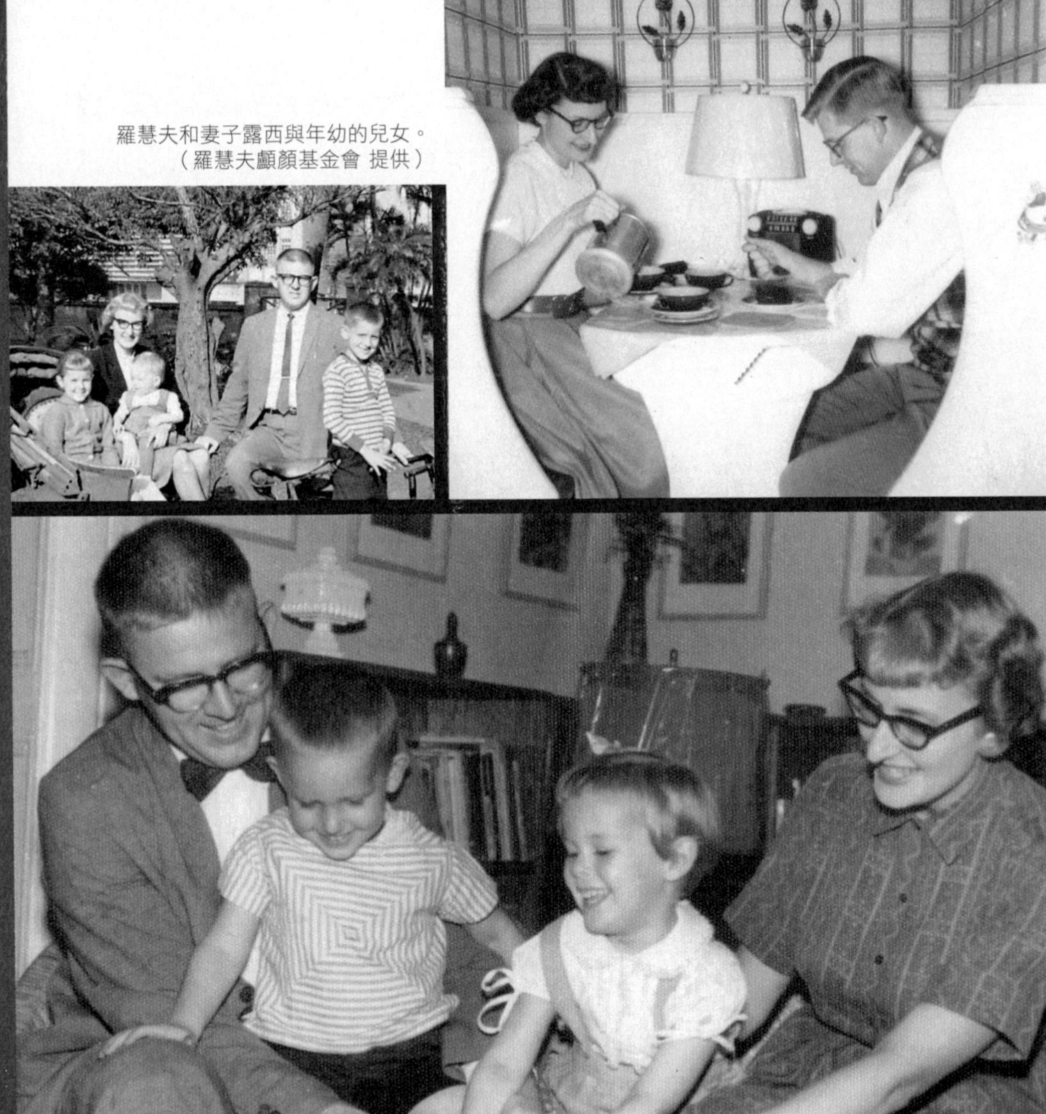

性地回信探詢，經過兩三個月的魚雁往返，他其實已經暗自下定決心，接受這份來自神的旨意。這與其說是被夏院長的誠意感動，倒不如說有一種想要回應神諭的悸動油然而生。

於是同年的初秋，他偕同美麗的妻子露西與一雙年幼的兒女，不辭千里之遙，為著答允來自神的邀約，搭乘一艘名為「京士威爾」的挪威籍貨船，橫越過一片有如藍絲綢一般的太平洋，風塵僕僕地來到他生命中神的「應許之地」。彼時，這個應許之地仍處於戰後的建設初期，那就像是踏入一座初植花草樹木的花園，或是一幅剛用鉛筆描繪出輪廓的畫作，那些空白與缺無的地方，生成一股莫名的吸引力，召喚著有信仰的人來到此處種植與填補，讓來自異鄉的人得以落腳、生根。沒有人料到這處空地在日後會鋪衍成一座繁花盛開的花園、一幅色彩斑斕的畫作。

來到這樣一個擁有陌生語言的島國，他首先需要一個名字。到台灣的第一個月，教會安排他上語言學校，教的卻不是台灣當時的「國語」，而是台灣庶民生活最普遍使用的「台語」。於是他的姓氏「Noordhoff」，前半部的音節成為「羅」，後半部的音節則成為「慧夫」，當時的語言老師還向他解釋，這是一個饒富深意的名字，期許他能夠在醫院裡成為一個「有智慧的夫子」，為當時百廢待興的馬偕醫院帶來新的契機與展望。

他回想起在馬偕醫院那段與眾人胼手胝足度過一個又一個難關的時光，從一九五九年到一九七六年，將近二十年的歲月，馬偕醫院幾乎就等於他醫療生命的全部。他在馬偕醫院首度引進了防治小兒麻痺症的沙克疫苗，設立了台灣第一間有別於急診室與一般病房概念的「加護病房」及強調專科治療的「燒燙傷病房」，並將身體醫療延伸至心靈療癒的領域，創辦了東亞第一個「自殺防治中心」（生命線），以及他最為人津津樂道的「特別皮膚科」（漢生病）與「唇顎裂中心」，也都是在馬偕時期一一實現。

除了在醫學、醫事技術上的種種進展，羅慧夫回顧馬偕時期的點點滴滴，就像是面對一個初戀情人那樣，無法細數的諸多情節發生在酸甜苦辣的人際交往中，他也說不清是誰改變了誰，當初那個被台灣人揶揄的「土直」的阿斗仔院長，就像馬偕醫院一樣，二十年間，竟也有了全新的生命經驗與內涵。

「敢有這款代誌？」

羅慧夫剛到台灣的時候，對於一個西方人來說，台灣還是一個無論在人情或景觀上，都還留存有些許日本殖民味道的南方燠熱島國。因此，那個時代，台灣的醫療體系也多半還依循著日式的師徒制，師徒之間因為身分上有了前輩、後進那樣不容質疑的距離，自然在處事互動上便形成了分寸，許多事情不好當面說也就不再提起，以致於學生就算對老師多有怨懟，也多半是無所排遣，而老師也常以某種「留一手」的態勢，提防著那些虎視眈眈等待取而代己的後進。

而羅慧夫所帶來的美式作風，像是朋友般直言不諱的相處模式，讓拘謹的台灣醫師如陳國鼎，印象深刻。有一次，已經是主治醫師的陳國鼎，正在為病人縫線，羅慧夫在身後走過，望了一眼便說：「不行，差太多了，拆掉，重縫。」語畢，他並不知道陳國鼎當時背向他且帶著無菌口罩的臉，其實是青一陣紅一陣地感到無比困窘，事後陳國鼎還向同是主治醫生的洪凱風抱怨：「什麼嘛，才差這麼一點點，他自己來縫縫看！」

一直到好幾年後，陳國鼎到加拿大受訓，在眾多國外大師級的醫師前親自操刀，拿著不慣用的器械、陌生的環境和幾雙目光銳利的眼睛之下，劃下不偏不倚完美的第一刀的那一刻，陳國鼎才領略到羅慧夫做為一個老師，那種對待晚輩絲毫不藏私、傾囊相授的態度，對於自己其實是一種莫大的幫助。

這些當然都是日後羅慧夫熟悉了台灣獨特的「搏挼」（台語：博感情）文化之後，才知道的隱情，然而諸如此類的故事像是一樁樁追溯期已過的事件，人們向他提起時，他總是心生疑惑：「敢有這款代誌？」

羅慧夫的美式作風不只為台灣帶來了醫學上的各項創新概念，在醫院行政與人事的改革上，秉持著他向來直來直往、講求公平正義的性格，針對當時醫病關係中沉痾已久的「紅包」文化中，衝撞出一套更體制化、人性化，且符合醫病倫理的「門診醫師費」制度。此舉不僅保障了患者就醫的平等，同時也促進了醫師願意花更多心力於提升醫療品質的動機。

其中，剛從台大商學系畢業的張錦文，在羅慧夫特意的培養下，成為台灣第一位「醫務管理」的專才。張錦文從廢除院內痰盂設施、消滅廚房老鼠、抓偷菜員工做起，乃至於食物與藥品的採購及管理、薪水制度的改良，人情文化的變革……不一而足，都成為他的工作內容，也是在這樣篳路藍縷的過程中，逐步建立起醫務管理中五大範疇：清潔、營養、採購、財務、人事。一九六四年羅慧夫帶著全家回美國研習，張錦文同年稍早也在醫院推

馬偕醫院幾乎就等於羅慧夫醫療生命的全部，在此，他創辦了最為人津津樂道的「特別皮膚科」和「唇顎裂中心」。（羅慧夫顱顏基金會提供）

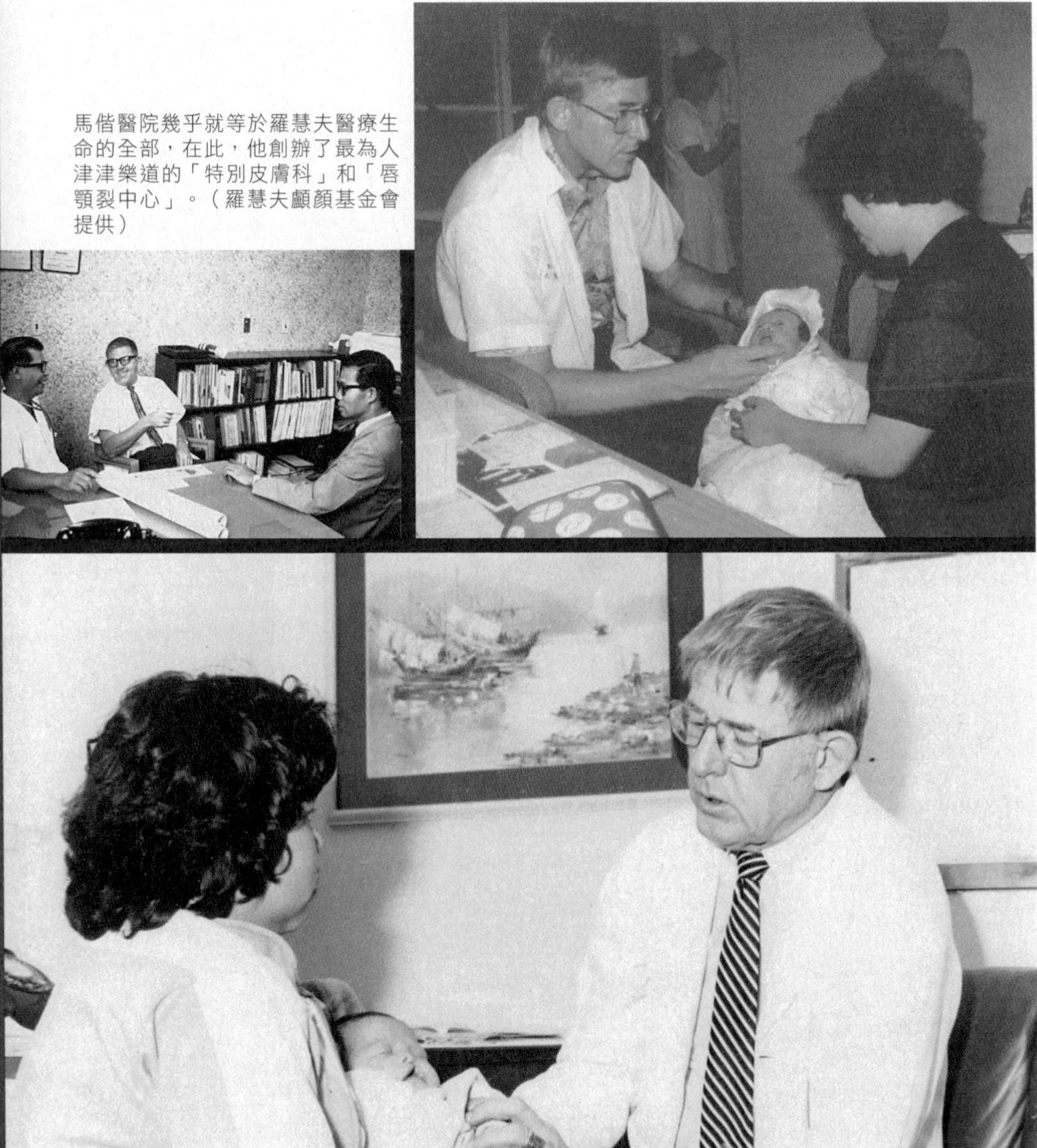

薦下到密西根大學進修醫務管理。一年學成之後，羅慧夫特別邀請張錦文到同一家醫院實習，住在同一個社區，他常用台語和其他人這樣介紹張錦文：「伊和我作伙祈禱、冤家、流目屎，也作伙歡喜。」羅慧夫對於後輩的提攜與愛護可見一斑。

打造一座榮耀上帝的聖堂

正從那過往灰撲撲而溼熱的島國印象中回過神來，此時的台灣已經是一個醫療技術不再落後的國家。現代化的診間與儀器、先進的技術以及國際知名的醫療團隊，他不知道從什麼時候開始，這一切都顯得那樣理所當然。

也許是因為一九七〇年代，台灣經濟起飛，貧窮不再的同時，醫院便不再只是一處「求生」的場所。人們對於醫療的需求產生了多元化的想像，整形外科首當其衝，給了人們關於「健康」的另一種思維：健康不只是無病無痛地存活，更意謂著要以某種更好的方式去成就自己的生命。

在那樣的時代背景下，一九七六年羅慧夫接受了王永慶董事長的邀請，來到了長庚醫院擔任院長。對他來說，那是人生中另一次全新的挑戰，這一次他面對的不是一間瀕臨破產、醫療設備不盡完備的醫院，而是一個更要求醫療品質與醫學專業的新社會，而他也不再是一個遠渡重洋還在適應異文化衝擊的異鄉人，即便他還是無法預知未來會以什麼樣的風景向他呈現，不過，他仍舊願意如同當初決定要來台灣的那個夏天一樣，當一個有信仰的人。

羅慧夫的美式作風不只為台灣帶來了醫學上的各項創新概念，也促進了醫師願意花更多心力於提升醫療品質的動機。（王漢順 攝影）

在長庚醫院院長任內，他特別建立起醫護人員的進修制度，並鼓勵醫師不斷追求各領域上的最新知識。研究與臨床、教學與門診，對他來說都是做為一位醫師必須兼顧的領域。與此同時，他也要求醫院的董事會給予醫護人員最好的待遇，他相信唯有醫院先善待醫護人員，醫護人員才有能力與意願給病人最好的服務品質。他要求醫院裡的每一個不同崗位上的人，都要做到「專心」，他認為「專心」就是「專業」的開端，而唯有專業確立，醫護人員的價值才能被彰顯。

他又想起那個在書中讀到的故事：

有一個旅人行經法國的某小鎮，走進一座興建中的大教堂，由於那時已接近傍晚，工人們都準備要回家了。旅人問一個工人他在做些什麼，工人說是一個雕刻匠，正在雕刻石頭；旅人又問另一個工人，工人說他在製作璀璨的玻璃窗；第三個工人是一個鐵匠，專門為教堂的鐵柵欄加上美麗的花紋。旅人正要離去之際，遇見了一位掃著玻璃碎片和石屑的老婦人，旅人問了同樣的問題。老婦人停下動作，將視線看向教堂高聳的屋頂，舒緩地回答道：「我？我正在打造一座榮耀上帝的聖堂。」

因此，在長庚醫院人事行政已大致上了軌道之後，羅慧夫便辭去了院長的職務，只擔任整形外科的主任，特別致力於唇顎裂的相關研究。他希望專心地做好一件能夠「榮耀上帝聖堂」的事。

而上帝則用另外一件事考驗他的決心。

長庚醫院院長任內，羅慧夫特別建立起醫護人員的進修制度，並鼓勵醫師不斷追求各領域上的最新知識。
（羅慧夫顱顏基金會 提供）

紅白線上建立起的希望之國

一九八一年羅慧夫發現他的腿部肌肉有時會莫名抽搐，而這樣的狀況漸漸蔓延到他的手，四肢似乎也不像以往充滿力氣。那時候長庚醫院的神經外科醫師費宏德（Dr. David Fairholm）經由一系列的檢查，推測羅慧夫得的是「路格瑞氏症」（Lou Gehrig's Disease）。那是一種中樞神經退化性的疾病，通常只能活二到五年。一直都是醫者角色的羅慧夫，倏然間好像跨過了什麼隱形的界線，成為患者，而且還是最悲慘的那種絕症患者。他不像自己想像中的那般堅強，因為他的心頭和肩膀還承載著許多未完成的事。

在那段時間裡，他經歷了所有絕症患者應該經歷的過程：否認、自責、怨懟、然後接受。唯一不變的是他沒有放棄他的信仰，他仍然是那一個三十年前為了回應神諭而遠渡重洋來到陌生島國的有信仰的人。他一方面積極配合醫院的治療，一方面也參與教會的浸禱（the soaking pray）。在這個與死亡對峙的過程中，他漸漸理解了一種能夠「將自己交付出去」的幸福，與死亡的關係也從對峙轉化為和解。

就在羅慧夫真正懂得什麼叫做「你只要為別人禱告，讓別人為你自己禱告」，每日照常地上下班、開刀，面對患者就如同對鏡般更貼近彼此之際，他的手腳竟然在一年之內逐漸恢復氣力，「路格瑞式症」的症狀像不曾發生過的夢境一般，被留置在過去的黑夜之中。

接下來的幾年，他像是一個老水手一樣，更清楚地掌握了自己生命之海的風向，並在唇顎裂的研究上取得了重大的突破。而一切均源自於一條隱喻般的「紅白線」。

唇顎裂患者原本在手術過後，由於上唇組織與人中皮膚的差異，會在上唇留下一條「紅白線」，對羅慧夫而言，那不只是美和醜的界線，那些年來他的生活也好像就是走在那條細小的紅白線上。許許多多的研討會、學術研究、臨床手術以及不眠的夜都圍繞著這一條彷彿印記般的紅白線。一直到一九八四年，他終於研發出了有別於傳統刀法的改良式「密勒刀法」，將原本切掉的紅唇組織留下一個小三角形，使口腔黏膜的結痂不再外露，才改善了一直以來困擾醫界已久的紅白線問題。也因為走上了這條「紅白線」，讓他獲得素有國際整形外科最高榮譽之稱的「麥林尼克獎」。同樣地，也就是秉持著這樣的信念，羅慧夫在長庚的另一個二十年，成功地打造出「台灣整形外科王國」，無論是在教學或研究上均在國際上頗負盛名。

然而對於羅慧夫而言，這些成就都不及一個真實且動人的故事。戴秋芸出生於台南鄉村，左臉上有一大片黑色的胎記，六歲時在教會裡遇見一位宣教士和她的阿嬤說：「台北有一個外國醫生很厲害，他替妳孫女開刀不用錢，妳要帶她上來台北試試看嗎？」在醫療知識還不是很普及的年代，「開刀」是一件天大的事情，通常只有病入膏肓的人才需要「開刀」，秋芸的阿嬤思索許久，才下定決心帶著年幼的孫女北上，於是小學一年級的暑假，秋芸跟著阿嬤踏上了改變她一生的旅程。

羅慧夫替秋芸做當時台灣少見的深度植皮手術，割下臉上的胎記，用秋芸自體大腿的皮膚移植，手術並不困難，困難的是術後傷口的照護，每天羅慧夫替秋芸換藥前，都會帶著她一起禱告，告訴她上帝會再給她一個「真水真水」的臉。小女孩不清楚眼前這個阿斗仔醫生口中說的上帝是誰，但是她知道她只要再忍耐一下下，就會有一張「真水真水」的臉。

秋芸術後回到台南，小女孩漸漸長大，忘了自己原來曾經有著另一張臉，考高中時，阿嬤提起這個關於臉的故事，她想起羅慧夫醫生溫柔的語調以及外國人特殊的台語口音：「真水真水」，曾經給她無比的安慰與希望，秋芸因此決定報考馬偕護校，後來也果真如願錄取。某次偶然的機會，羅慧夫遇見了在馬偕醫院實習的秋芸，看見秋芸的臉上還有一些術後遺留的疤痕，馬上表示希望能夠再為她進行一次免費的手術，並且還安排護校同學輪流照顧她，讓秋芸無後顧之憂，好好完成良好的術後照護。

秋芸後來雖然沒有從醫，不過她所經營的管理顧問公司，某種程度上仿效著羅慧夫在醫病關係上那種不預求回報的模式與客戶互動，竟也經營得有聲有色，獲得相當大的成功。於是她瞞著羅慧夫，用他的名義捐了一筆錢，在馬偕護校成立「羅慧夫宣教士獎學金」，把從羅慧夫醫師那邊得到的希望與溫暖傳遞下去。

「真水真水」的不只是一張張臉，也該是那一顆顆溫暖彼此的心。

「祂沒有雙手，但你們有。」

一九八九年十二月，羅慧夫拿出多年的積蓄十萬美金，成立了「財團法人羅慧夫顱顏基金會」，試圖幫助更多唇顎裂兒童。基金會成立之後，推動各種服務方案、積極幫助國內患者，進而於一九九八年將服務足跡延伸至海外，巴拿馬、肯亞、坦尚尼亞、南非、越南、柬埔寨及菲律賓均成為基金會亟欲傳承醫療技術的地區。在大部分人類社會的文化中，有

羅慧夫替戴秋芸（照片中拿禮物者）做當時台灣少見的深度植皮手術，改變她一生的旅程。後來她因此決定報考馬偕護校，也果真如願錄取 （左上）。成立基金會之後，羅慧夫推動各種服務方案、積極幫助國內患者，一九九八年更將服務足跡延伸至海外，越南、柬埔寨及菲律賓等均成為基金會亟欲傳承醫療技術的地區。（羅慧夫顱顏基金會 提供）

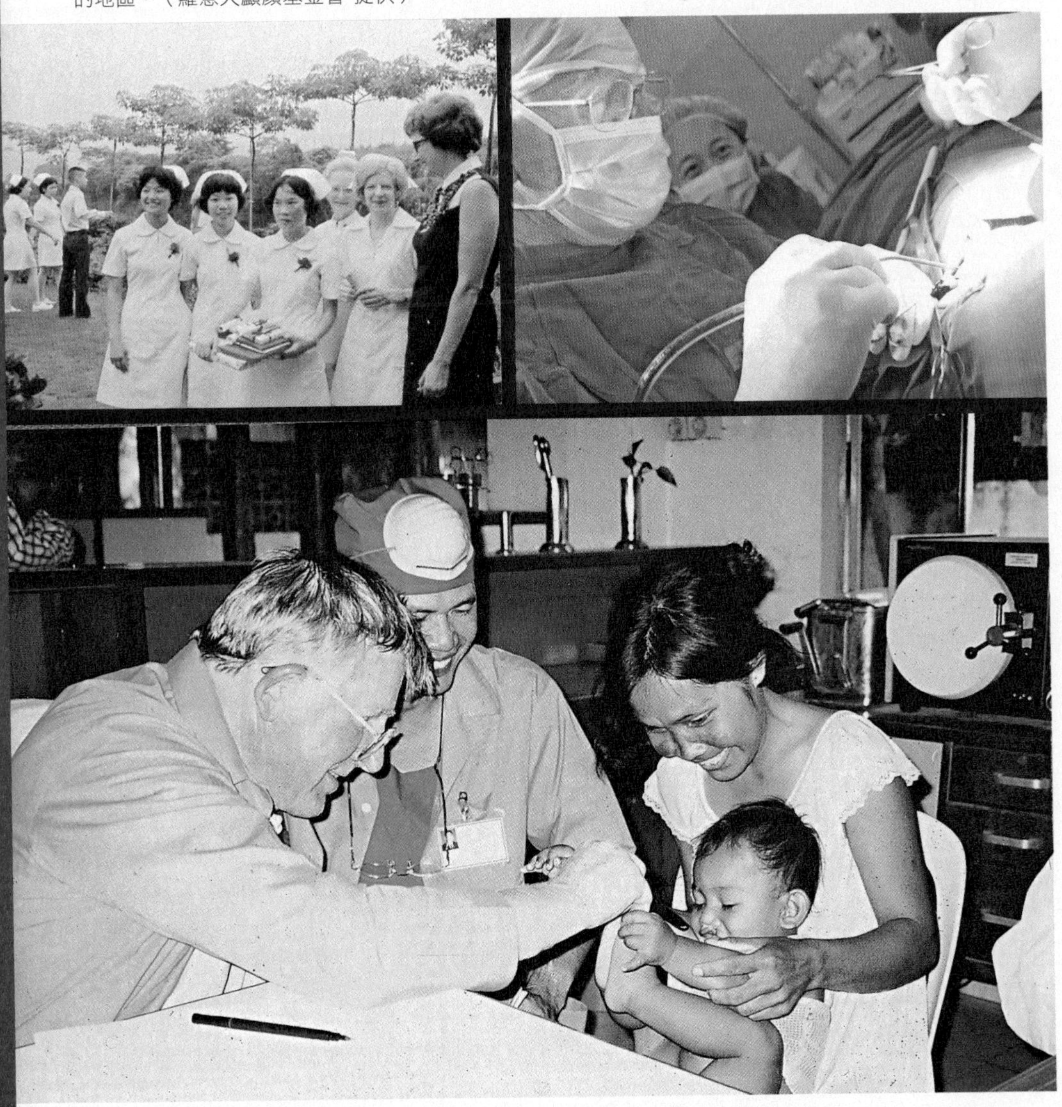

顱顏缺陷的小孩，很容易就會受到歧視，進而對自己的人生失去信心，甚至還來不及長大，就被父母親或整個社會遺棄。羅慧夫認為這是一種對於生命的蔑視與不尊重，對於完美生命的一種偏執，顱顏基金會想要做的不是復原某種完美生命的存在，而是希望透過修補外在的缺陷，補足生命內在本然的完滿。

因此「整形外科」對於他而言，有著說不出的神祕之處。他總是和所有問起他關於為什麼要獻身於唇顎裂修補的人，述說這麼一段故事：德國紐倫堡的一座教堂在二次世界大戰時，遭受到無情的砲火摧殘，整座建築物幾乎全毀，但是教堂內一座基督雕像卻奇蹟般地保存了下來，只不過基督的雙手不見了。戰後教堂重建的過程中，一位藝術家負責將基督的雙手修補回來，他努力地一試再試，卻始終無法重新修復那一雙遺失的雙手。最後，這位藝術家放棄了，不過他卻在這座雕像的底座刻了一行字：「祂沒有雙手，但你們有。」

羅慧夫回想起離開台灣前的最後一檯刀，躺在手術檯上這個才三個月大的小男嬰，已然熟睡的小小臉龐上有一處等待被縫補的熟悉缺口。羅慧夫仔細地端詳這個缺口，彷彿看見了那條已經成為歷史名詞的「紅白線」，也彷彿看見了在紅白線上踽踽獨行的自己。有那麼一瞬間，他感覺自己並不是在修補某些缺陷或不完美，而是透過那一針一線將自己的生命編織成一幅神蹟般的圖樣。

「羅慧夫」這個名字在今天像是一枚紀念硬幣般，早已成為台灣社會的集體記憶，也正因為擁有了那樣一種不再被追問的價值，記憶和遺忘因此被鐫刻在同一枚硬幣的兩面。然而就像《小王子》裡的狐狸與小王子一樣，遺忘只發生在那些不曾被馴養的關係，有人遺忘的同時，必定也有人牢牢地記住。十幾年來，羅慧夫即便已遷居美國，仍舊如同候鳥般定期地回到這座榮耀他的小島，這是他和小島不待宣說的祕密約定。

二〇一三年九月二十九日，約定之日，眾神都休息的安息日，有一件事卻喚醒了所有台灣人的共同記憶──已罹患帕金森氏症的羅慧夫，這次回到台灣前，即表示由於身體狀況的緣故，未來無法再負荷長途的飛行，九月二十九日也許就是他最後一次飛回這座植滿他青春回憶的蔥鬱小島。

見面會當天，所有他認識與不認識的人，臉上都同樣掛著一副不捨的表情，羅慧夫知道自己的不捨也許正是這些不捨心情的總和，他無法想像這一天終究會到來。當時離開台灣前，最後一檯手術的三個月大的小男嬰，現在正以一種少年特有的生澀姿態，站在台上與他相對。肉體衰弛，精神卻極為敏銳，當初進行最後一台手術時的離別心情，一時之間充塞在胸口，他依稀可以聽得懂少年準備已久的講稿，即便少年操的不是羅慧夫熟悉的台語：

「……因為有你的幫助，我現在以正常的樣子跟大家相處，不會被投以什麼奇怪的眼光，所以我想親自謝謝你……」羅慧夫對這樣的話語並不陌生，但是此時此刻，他彷彿才真正理解自己的雙手終究不是那雙遺失的「上帝之手」，而是那雙一試再試的藝術家之手，他的雙手不是為了完美地修補缺損之物而存在，而是在努力與堅持的過程中，給予其他人更多關於生命的勇氣與信心。

「你的雙手能夠為這個世界的其他人帶來什麼呢？」羅慧夫在心底輕聲地詢問眼前這個羞赧的少年。

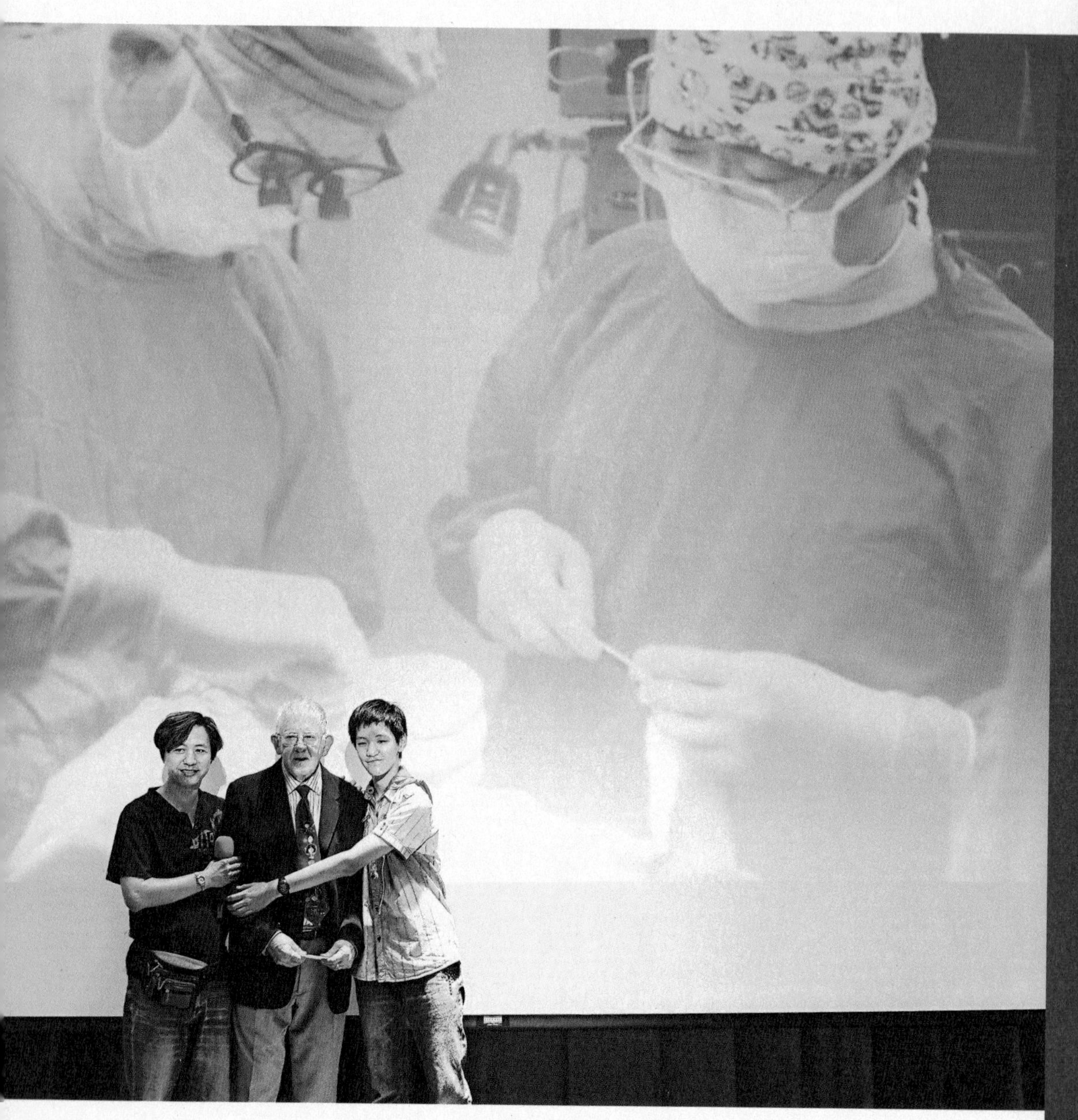

即便已遷居美國，羅慧夫夫婦仍舊如同候鳥般定期地回到台灣，與他口中「真水真水」的小朋友相聚（上）。（王漢順 攝影）

機場送別（下）。（羅慧夫顱顏基金會 提供）

當年離台前，最後一檯手術那個三個月大的小男嬰，而今已是十幾歲少年，在二〇一三年九月二十九日，少年和父親趕來參加羅慧夫或許是最後一次來台舉辦的見面會。三人背後的螢幕右方即為陳國鼎醫師（右）。（羅慧夫顱顏基金會 提供）

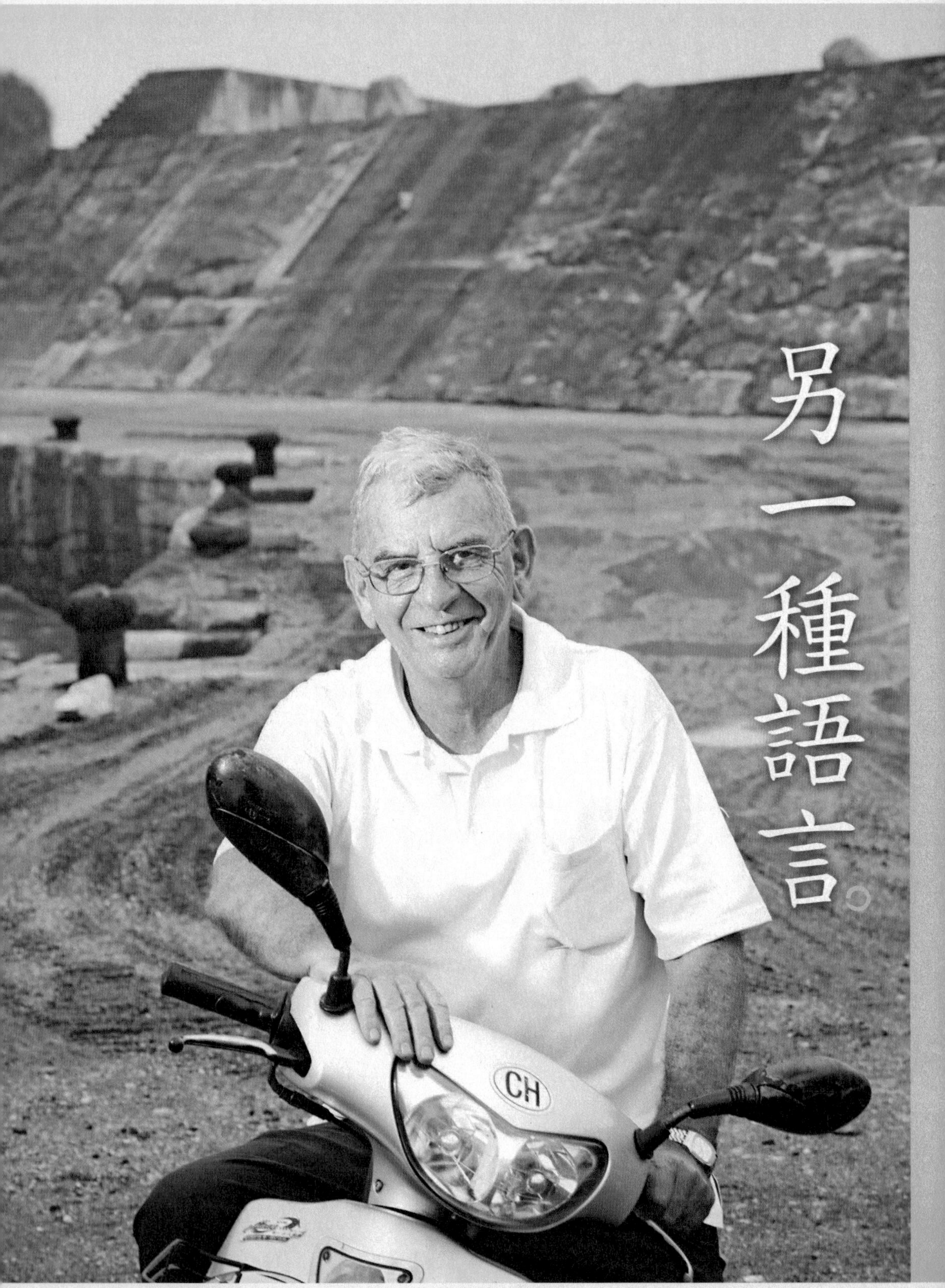

另一種語言。

3

來自瑞士的神父

吳若石

每當他用手指深深壓按住那些細微難辨的穴道，那股肌肉反彈的力量與觸感，像是細語紛然，落在他指尖的耳朵上。用雙手聆聽身體說的話，便成為了他來到台灣學的另外一種語言。

廖宏霖

（王漢順 攝影→）

人物小傳

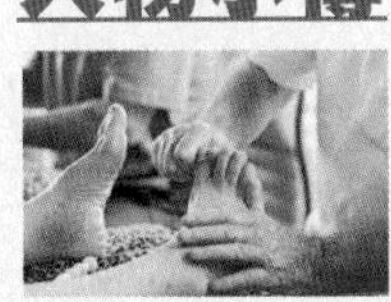

吳若石（Fr. Josef Eugster，一九四〇年～），出生於瑞士伯內克（Berneck, Switzerland）一個虔誠的天主教信徒家庭。從小便立志成為神職人員，初中時進入教會學校，歷經十四年的學習，於一九六八年正式晉鐸為白冷會神父；一九七〇年八月二十一日，吳神父離開瑞士，告別親友，前往台灣傳教，並於日後被分發至台東長濱天主堂服務；一九七八年，吳神父認識腳底按摩法，利用此法舒緩自身的關節炎症狀，此後開始鑽研腳底按摩，並於一九八〇年回歐洲進修，為日後腳底按摩的推廣打下基礎；一九八〇年代以後，由於病友的口耳相傳以及媒體的報導，台灣掀起一股腳底按摩旋風，腳底按摩成為當時的全民運動；因求助者絡繹不絕，一九八一年陳茂雄兄弟和吳神父共同成立「若石健康研究中心」，研究並推廣此法；然吳若石神父與陳氏兄弟於日後因理念不合，遂選擇離開了研究中心，於一九九一年另成立「中華足部反射區健康法協會」，將「腳底按摩」正式定名為「足部反射區健康法」，並積極將其有系統地從台灣推廣至國際，包括中、日、韓與東南亞各鄰國，以及南美洲；二〇〇一年吳神父將一生所學所聞集結出版成《知足常樂——吳若石神父回憶錄》、《吳神父新足部健康法》兩本書，並且迄今仍於長濱天主堂服務，每個週末仍舊會安排時間為前來的病友們進行腳底按摩。

（王漢順 攝影↑→）

巨大的懺悔室

一名黑衣男子站在台東長濱天主堂的門口，像一隻不祥的烏鴉徘徊不去。日光昏暗，明明還是下午五點多，卻有著凌晨時分天光朦朧的光亮，這是台灣東岸特有的天色，陽光已經提前沒入了中央山脈的另一邊，物物事事都像是柔焦般發散著一股淡淡的倦意。

這是他第二次來找吳神父，在這之前他已經做足了功課：吳若石，瑞士人，白冷外方教會傳教士，來台四十年，中華足部反射區健康法，也就是俗稱的腳底按摩的創始人，現居住在台東長濱天主堂，每個星期六會在天主堂內為全省各地慕名而來的患者進行足部反射區的健康按摩。他今天特地從台北下來，挑了一個平日的下午，他希望讓自己顯得更不引人注目，或應該這麼說：他希望只有吳神父看得見他。

第一次和吳神父說話是透過電話，話筒另一邊傳來的聲音是意料中帶有一點外國人口音的舒緩語調，聽起來像是一個字一個字歪斜地從喉嚨中排列走出。他知道自己沒有打錯電話，這是久居台灣的外國人才會有的特殊不準確發音，不過吳神父的口音竟然還帶有輕微的台語腔與原住民腔，混合成一種新的口音，恍惚間，他感覺自己撥打的是一通越洋電話，與世界另一端的一個瑞士人說話，彷彿自己也在說著一個異國的語言，讓話語間欺瞞的部分也顯得輕易了起來。

「神父，醫生說我腦袋裡疑似有一顆瘤，我想了很多，這輩子也沒做過什麼好事，只懂得賺錢、賺錢、賺錢。現在無親無故，上個月將土地變賣之後，發現自己如果真的離開這個世界，這個世界根本不會因此有一點改變，所以我想捐出部分的錢給天主堂，讓你們照顧弱勢的兒童與需要的人……」

話說得愈快，語速竟然產生了某種絕望的漩渦，好像真的就有了那麼一回事，他把聲音壓得很低，頭也隱隱作痛了起來，他想像真的有那麼一顆拇指大的瘤，壓迫著他大腦的話語區。

「你還好嗎，我跟你說，你要先去好好做檢查，捐款的事我們以後再說，我會為你祈禱，如果真的很不舒服的話，你可以過來，我們幫你做足部的按摩治療，也許可以讓你舒服一點，錢的事再說……」*

吳神父對於這樣的來電並不陌生，每隔一段日子，就會有各式各樣的人，用各式各樣的方式找到他，和他說話，有時是用電話，有時是特地前來台東長濱，所說的故事情節千奇百怪，但問題都是基本的——生病、死亡和謀生。無非就是一個個疲累的靈魂，軀體受傷了，想要找到一個能夠說話的人。說話未必能夠治癒他們身體上的痛，但是透過話語的交換，人們好像在跟他進行某種關於記憶與悔恨的交易，彷彿只要透過這樣的交易，所有靈魂的罪惡與身體上的苦痛都能夠被洗淨，如果不能洗淨，也至少能夠換得一種被原諒的感覺。

他在那些時刻裡，真正感覺到了世界就是一個巨大的懺悔室。

*在二〇一二年十月的一則報導「信徒假捐錢 把吳神父當提款機」中，新聞內容將吳若石神父描述成一種無知甚至帶有某種貪小便宜性格的受害者形象。不過其實在另一篇登在非主流社群的媒體中，同一件事的另一則報導「台灣腳底按摩吳若石神父澄清沒有受騙」，我們才聽見了更貼近吳神父的真實聲音，知道吳神父其實已經看穿了對方的詐欺手法，但是為了給這位迷途的兄弟再一次的機會，吳神父選擇無條件的信任。然而這樣的真實狀況，卻因為其面對善與惡的度量並不坐落在台灣社會長期慣習的善惡系譜，而難以被套用在媒體習以為常的受害者形象中，這無啻是新聞「類型化」的結果。這篇文章，便是以不同的觀看角度與敘事模式，在虛實之間，呈現另一種關於事件的真實樣貌。

吳神父對於聆聽的經驗其實並不陌生。小時候的他內向安靜，在八個兄弟姊妹中，總是扮演勸架與和事佬的角色，這讓他慣於傾聽他人說話、理解他人的情緒。十一歲那年，兩個妹妹在路上遇到了一位白冷會的神父，神父詢問他們有沒有哥哥，兩人齊聲回應：「有！有三個。」神父接著問：「那三個人當中有誰最適合當神父？」兩個妹妹異口同聲地回答：「約瑟。」

兩人口中的約瑟正是吳若石神父。

而善於傾聽的吳神父，從小就有一位青梅竹馬，是傾聽他說話的對象。她的名字叫海蒂，海蒂比吳神父小兩歲，初中畢業後就開始從事美容工作，但是從高中開始，吳神父就與海蒂保持通信的習慣，兩人無話不談，從兩小無猜的情感漸漸轉變成似有若無的情愫，一直到了吳神父必須在神職與婚嫁做出選擇的那一刻，他對於海蒂還是放心不下。

那一天的記憶相當鮮明，即使是幾十年後，每當回想起那段記憶，彷彿迎面而來的還是萊茵河畔的清冷微風。那天，海蒂和他相約在萊茵河畔，就是希望能夠與他這位無話不談的青梅竹馬，好好談談自己或是說「彼此」的未來。在此之前，吳神父已經和海蒂表明過，如果最終選擇走上神職之路，他希望能夠取得她的諒解。

這次的約會與其說是一種相聚，更像是一種告別。他清楚知道「取得諒解與成全」這樣的說法其實只是為了讓自己好過一點，因為自己勢必也會不捨、難過、感覺否定了自己人

吳若石的全家福（右上）；爸爸抱著吳若石，哥哥緊緊跟在一旁（中左）；十三歲的吳若石（圖中最右），個子雖嬌小，卻已有準備當神父的決心（中）；和爸爸在瑞士自家的農場裡，吳若石當時三十五歲（中右）；與九十歲的父親合影（下）。
（吳若石 提供）

生的某一部分。

在萊茵河畔等著海蒂的時候，他想過幾種可能發生的對話，演練著這般或那般的台詞，轉移一些輕鬆的話題、調動一些含糊的修辭與譬喻，畢竟話語有時如箭鏃，為的只是希望不讓自己或對方的心那麼輕易就被斲傷。然而，當海蒂真的來了，兩人好長的時間卻只是一同望著萊茵河，一句話也沒說，像是正在做一場永恆的靜禱。

終於，吳神父打破沉默：「海蒂，我們從小一起長大，妳知道我一出母腹，就已蒙了聖召。妳也是愛主的姊妹，求妳今後就用愛主的心來愛我，我不知道要怎樣感謝妳……」「對，我應該要接受，如果你蒙了聖召，我應該要接受，我應該……」海蒂的聲音明顯顫抖而微弱，反覆的那句話更像是在對著自己說，說服自己。

吳神父記得那一次與海蒂見面時的每一個細節：她略顯單薄的衣著、望向萊茵河畔的側臉、說話時輕微的顫音以及陽光入射的角度打在河面上所映射出的點點粼光……卻忘記那天他是怎麼回到學校，彷彿兩個人從未真正的告別。

事實上也是如此，在那次未竟的告別之後，兩人彷彿開啟了另一段相遇的故事，更懂得珍惜這樣難得的關係。海蒂的婚禮、吳神父的祝聖大典、每個彼此人生中的重大事件與場合，雙方都不曾缺席。來到台灣之後，他也會定期寫信給海蒂，海蒂甚至也曾經與先生來長濱探望他，看看他在這個東方的蕞爾小島過得好不好。兩個人用各種形式彼此聆聽、關心對方，那段曾經以為被否定的人生選擇，竟也成就了另外一種被神所肯定的祝福。

萊茵河畔的微風此時早已轉化成海岸山脈那種帶有一絲絲鹹味的海風。

吳若石沒來台灣前，還在瑞士當神父時期（上）；一九六八年，吳神父晉鐸，主教為吳神父降福（下）。（吳若石 提供）

西方出生的台東人

吳神父在電話的這一頭不停地安慰電話另一頭他已經非常熟悉的那種話語中帶著絕望與無助的聲音。「什麼時候開始習慣這種國台語交雜的語言呢？」吳神父不禁這樣問自己。他想起剛來到台灣的時候，對於中文一無所知的他，先被教會安排至台中學台語，第一堂課教的是台語的七調。課堂中無論在台上的老師如何手舞足蹈地比劃著那些實際上並不存在的聲調符號，只有吳神父自己清楚知道七種聲調在他兩隻瑞士來的耳朵裡聽起來其實只有輕重之分，就像是剛來到這個東方小島之時，島上人民的臉孔對他而言也只有男女之分。他花了好多時間和他們相處，才從說話的語調、用字以及臉上許許多多細微的小表情，譬如鼻樑與顴骨的高度、明顯或不明顯的眼皮皺褶、額頭的寬度與突出角度……分辨出那些被標記在話語與腔調、樣貌與姿態中隱而未顯等待破譯的族群密碼。

現在的他，已經能夠單憑外表一眼看出對面的人，是漢族還是原住民，有些時候甚至還能分辨出阿美族與泰雅族、排灣族等等其他原住民族的樣貌差異；甚至單就腔調，就能判斷正在和他說話的這個人是本省人、外省人還是原住民。在這之前，他都管這群生活在島上的人叫做中國人。

「我是西方出生的台東人。」他想起上次雜誌採訪時，他打心底浮出的這句話。

好像在能夠辨認一切事物之後，那些差異反而就不重要了，這是他認同這片土地的過程，同時也是一種愛的方式，先是瞇著眼睛細細觀察，豎起耳朵凝神聆聽，指出這些和那

台東長濱天主堂外觀（上）。
（王漢順 攝影）

吳神父瑞士家鄉風景（下）。
（吳若石 提供）

些的不同，然後，再把這些不同的地方全部忘記。

他想起在台灣第一次用台語上台講道時的緊張心情，對比於如今他還能夠用自創的台語諺語，替枯燥的講道增添一些趣味，為的只是讓台下的聽眾，能夠透過語言感到親近，進而更加認同他：「敬你一杯水，給（ho）你年年水；敬你一杯茶，給（ho）你沒問題；敬你一杯酒，給（ho）你真善（gau）疼惜你的牽手。」

台語如今已經成為他的第二母語，不過他還有第三、第四個母語，等待他學習。在平時，吳神父會準備幾個字紙簍，每個紙簍放著不同語言的小紙條，有些是單字，多半是短句，閒來無事時他就會在不同的紙簍間進行一種翻譯的遊戲，對他來說，這些紙簍都是一道道任意門，讓他能夠開啟處在同一個世界中的另一個平行世界。他甚至還學會了阿美族語，平時就用阿美族語和部落裡的鄰居建立關係、唸禱阿美族語的讚美詞。他知道，語言是神最好的禮物，他願意在有生之年，好好地收藏、珍視這些禮物。

用雙手聆聽身體說的話

這一次電話中的人說他姓朱，總是把數字放在嘴邊繞，幾千萬幾千萬地說，好像那些數字真的能夠換回健康、換回已然被虛擲的人生。從很小的時候，吳神父就知道人生中的許多東西都是一次性的，在無盡的選擇中耗損，但也同時在無盡的選擇中，我們獲得。交換是虛妄的，只有選擇是真實的，就像他當初選擇相信神。「信仰能夠治癒人心靈的病，但

與教會成員前往避靜。避靜是指教友、修士、修女、神職人員等成員，到一個隱居的空間裡進行心靈上的沉澱、掏空與重整（上）。（吳若石 提供）

與白冷會神父、聖十字架慈愛修女會修女合影（下）。（吳若石 提供）

是肉體上的苦痛呢？就像這位沒有預告便要求來訪的朱先生，他身體上的苦痛真的能夠靠信仰解決嗎？」如果是四十年前的自己，吳神父一定會為著這樣的問題困擾許久，對他來說，無論什麼宗教，人生的意義只有一件事，就是減少別人的痛苦，增加別人的喜樂。

這也是他一頭栽進「腳底按摩」的初衷。

來台服務幾年後，吳神父的膝蓋舊傷便常常因為台灣多變潮溼的氣候而復發，嚴重的時候甚至會影響日常生活。同行的薛教士給了他一本關於腳底按摩的書，他還記得書名是《未來的健康》，是由一位瑞士籍的護士以德文寫成。身體的急切需求加上語言的熟悉感，讓他在那半年間幾乎每個晚上都在一邊閱讀，一邊將自己的身體當作實驗場域的時光中度過，手不釋卷的結果就是對於各個腳底反射區所主管的功能瞭若指掌，那就像是重新認識自己的身體一樣，藉由最常被人所忽略的腳底板，以一種逆行的方式，連結身體的各個區位。他覺得這就像是一種與身體溝通的沉默語言，每當他用手指深深壓按住那些細微難辨的穴道，那股肌肉反彈的力量與觸感，像是細語紛然，落在他指尖的耳朵上。

用雙手聆聽身體說的話，便成為了他來到台灣學的另外一種語言。

人類的腳底布滿了神經和微血管，卻是離心臟最遠的地方，足部反射區是完整的人體縮影，當雙足併攏時，正好可以勾勒出一幅完美的人體部位圖。而在物理學上，按摩壓力的傳遞具有兩種型態，一種是施壓在反射區上的「主動的壓力」，另一種則是反射區在主動壓力停止施壓時，因壓力解除而恢復原狀，持續作用於穴道上的「被動的壓力」。按摩時必須以患者所能接受的痛感程度決定施力的大小與按壓的時間，來回操作，藉由這樣主動與被動壓力的交互作用，產生刺激並傳遞能量，才有了所謂治療的效果。這和所謂的傳道相當類似，幾乎擁有相同的互動模式，如果說在佈道時的自己是用言語治療人們心靈的痼疾，那麼進行腳底按摩時的自己則是用另外一種沉默的語言和人們的身體進行溝通。

左腳大拇指控制著大腦的腺體，由左而右四根指頭則對應著不同的部位：太陽穴、額竇、腦垂體、眼睛；由上至下包含了頸部、甲狀腺、肩關節、上肢、肘關節、氣管、食道、心臟、橫膈膜、斜方肌、肺、胃、胰臟、十二指腸、腎臟、腎上腺、脾、膽、肝、輸尿管、膀胱、盲腸、上行結腸、下行結腸、肛門、內尾骨、外尾骨……一雙腳鉅細靡遺地記載了所有關於身體的祕密，關於那些苦痛和哀愁的來處，在雙手或壓或按的過程裡，無一不被感知、理解、撫慰。

從腳開始

他想起自己的第一個病人，第一個被他所解讀、治療的身體，也是透過他，吳神父才確定了自己真的能夠用這樣的言語，另一種傳道的形式，減少他人的痛苦，增加他人的喜樂。

他的第一個病人叫做「陳奇南」，是當時台東鄉下隨處可見的退休老農，每個星期天都騎著腳踏車來天主堂裡望彌撒。有一次彌撒結束之後，他注意到老翁的走路姿勢怪異，躬著背好像隱忍著莫大的痛苦。吳神父試探性地詢問，陳奇南卻一臉不在意地說：「唉，我老了，背痛這個毛病好久了，習慣囉。」

望著務農人那種飽受風霜的特有臉龐以及語氣中呈現的一種台灣人認命的傳統文化，他心中湧起一股想要為他多做些什麼的心情。他對於這樣的台灣傳統已經能夠漸漸理解，台灣人面對疾病與死亡，總是抱持著一種「還債」的忍耐心態，以致於許多小病都因此被延誤而成了不可挽救的大病。眼前的這位老農夫，應該也是忍耐了許多日子，才讓那些疾病的形狀爬上了自己的身體，成為他人可見的病徵。

「你明天下午四點來，我幫你做腳底按摩？」吳神父一臉堅定地說。

「可是，你是神父，我只是個做田人，怎麼好意思讓你摸我的腳？而且……」陳奇南支支吾吾地好像找不到更好的說法。「而且，而且我的腳很髒。」老農夫就像是一個做錯事的小孩那樣低下頭看著自己的雙腳。那的確是一雙莊稼人的腳，腳板寬大、腳底乾裂而厚硬，指甲縫裡有永遠也清不乾淨的泥土痕跡。

「沒有關係，耶穌還替門徒洗腳耶！而且我的爸爸也是農夫。」吳神父微笑著，好像真的是在對自己的父親說話。隔天，吳神父來到陳奇南的家中，一進門就聞到一股香水味。他知道這是這位台東鄉下的老農在他堅持要幫他按摩的約定下，所能做到最委婉而貼心的事了。那個下午是他第一次幫他人進行腳底按摩，在那之前，除了自己的腳以外，他從來沒有這樣長時間有意識地接觸過他人的腳。

這是一種相當奇妙的經驗，腳承載了所有物理上的重量，像是某種替代物一樣，代替人們接觸土地，彷彿那些手或是其他身體部位做不來、不願意碰觸、最低賤、骯髒、汙穢的地方，全都由腳來承擔。也只有那樣的替代物，能夠將人們所有苦痛的祕密默默地記錄在

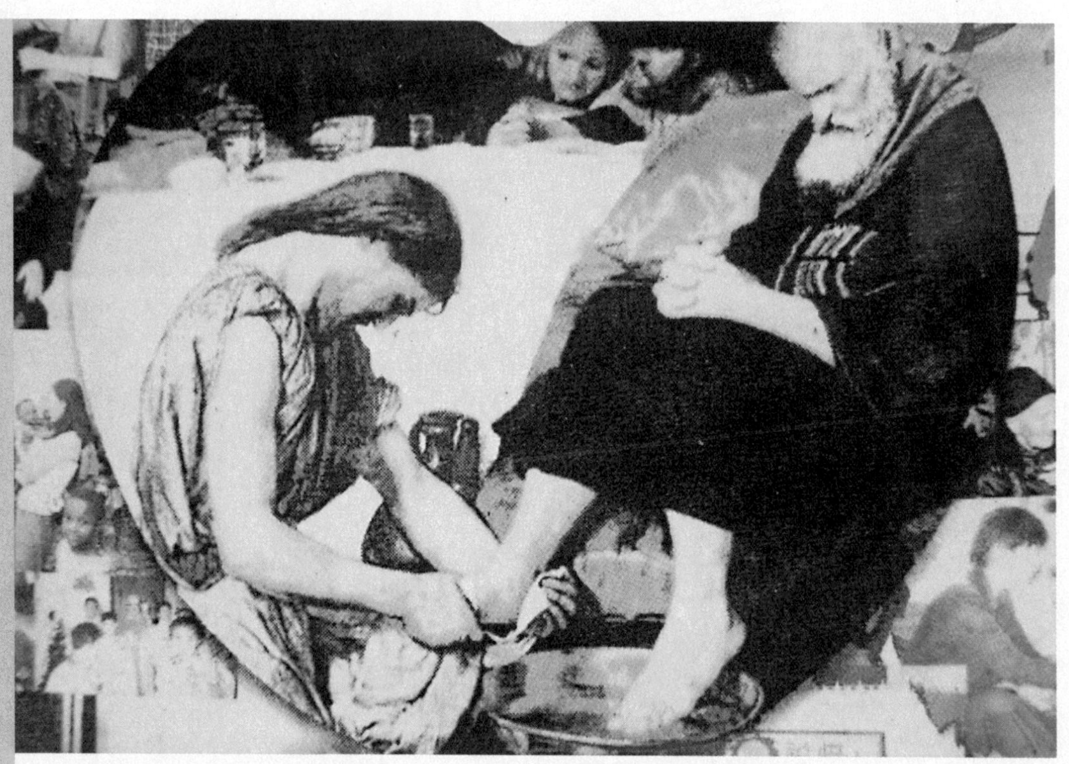

這張圖源於《聖經・若望福音》裡「耶穌為門徒洗腳」的典故：「我是你們的主，你們的夫子，尚且洗你們的腳，你們也當彼此洗腳。」吳神父覺得與他從事腳底按摩的某種精神不謀而合。（吳若石 提供）

那一條條微細的神經傳導路線上，如同那句充滿智慧的諺語：「凡走過的必留下足跡。」

吳神父的足部按摩健康法早已在九〇年代風靡整個台灣，在當時台灣幾乎家家戶戶都有幾片健康踏板，公園裡一時之間也鋪設了所謂的健康步道，這些都是吳神父當初始料未及的。乃至於在九〇年代的後期，這樣一股風潮逐步影響亞洲，從韓國、日本、菲律賓到中國大陸，腳底按摩成為了全民運動，連綜藝節目都將它搬上螢幕，當作是「無害的、健康的遊戲懲罰」，腳底按摩至此已然深入了台灣人的生活脈絡中，在它成為了一種娛樂之後。

雙手與雙腳的相遇

在台灣四十年的歲月裡，吳神父捧過無數雙腳，這其中有農夫的、董事長的、工人的、商人的、漢人的、原住民的、客家人的、男人的、婦女的、小孩的、老人的、年輕人的、平底足的、拇指外翻的、因為重病而毫無氣力的、塗著豔麗指甲油的……在這些不可預期的與腳的相遇裡，他永遠無法忘記的是前教宗若望保祿二世那雙年邁的腳。

因為一直以來，教會對於這樣龐大的風潮並不支持，甚至頗有微詞，認為他所做的事已經超越了一個神職人員應該盡的本分，醫療的事應當留給醫生，一個神父怎麼能夠又是成立醫療協會、又是到各地推廣這樣一種「民俗療法」。直到二〇〇三年底，他受中華民國駐教廷大使戴瑞明推薦，為當時不良於行、聲帶受損、頸椎也有問題的教宗若望保祿二世進行腳底按摩。他們之間沒有過多的對話，大部分的時候都是他說，教宗虛弱地半閉著眼

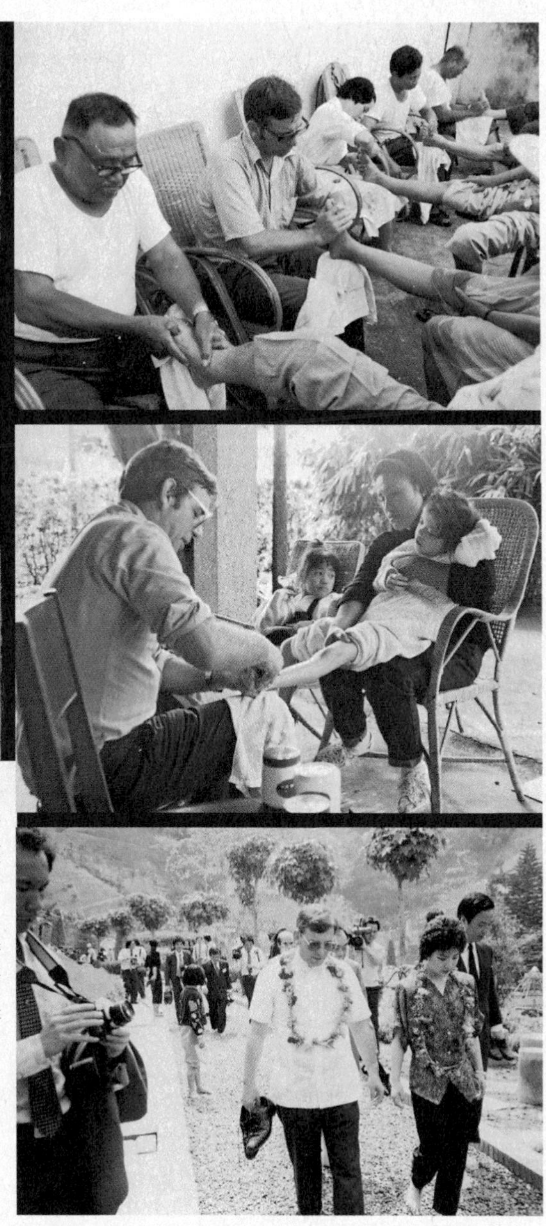

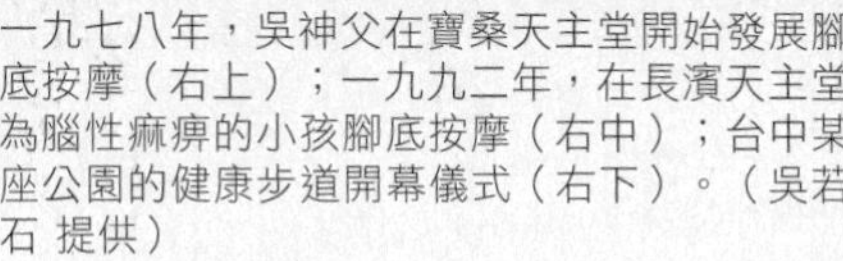

一九七八年，吳神父在寶桑天主堂開始發展腳底按摩（右上）；一九九二年，在長濱天主堂為腦性痲痹的小孩腳底按摩（右中）；台中某座公園的健康步道開幕儀式（右下）。（吳若石 提供）

一九九六年，吳神父到香港推廣腳底按摩，與會者還有周潤發夫妻和鍾楚紅（低頭者）。後來透過一位香港翻譯（周潤發與鍾楚紅的助理），前往馬尼拉為時任菲律賓副總統艾斯特拉達（一九九八年當選總統，現為馬尼拉市長）進行腳底按摩（左上、左下）。（吳若石 提供）

睛頷首聆聽：「可不可以脫你的鞋子？」他用德語問這位波蘭籍的教宗。教宗沒有說話，但是也沒有把腳縮回去的動作。他戰戰兢兢地隔著厚襪子開始替教宗按摩，試探性地按壓他的大拇指，如他所料，對於年長而又久病纏身的教宗，這樣的力道是沒有效果的。於是他加重了力度，往同一個地方按壓，教宗馬上有了反應。

他連忙安撫：「教宗，有痛感是好事情。」教宗眉頭緊蹙，好像也在忍耐著這突如其來的刺激。吳神父緊接著確認過每一個反應區，按壓到右膝的反應區時，他喃喃自語地說：「這裡有很大的問題……」

沒想到教宗此時竟然出聲回應：「對啊，因為有那麼大的問題就不能走路……」聽見這句話，吳神父知道自己已經開啟了讓教會重新認識足部按摩法的契機。

一個月後，在他的建議下，教廷持續安排專人為教宗按摩，病情好轉，原本因聲帶問題無法發聲的教宗得以發表聖誕文告。自此，來自教會的反對聲浪逐漸減少。

電話那頭的朱先生已經掛上了電話，在談話快要結束之際，這位朱先生和吳神父借了五萬塊要看病。他沒有想到一個午後意外而不陌生的來電竟會讓自己掉入了這樣記憶的漩渦，在這些雙手和雙腳相遇的故事裡，其實並不全然擁有美好的過程與完美的結局。他隱約地警覺到這個下午的來電，關於金錢和數字的部分也許並不可信，但是那恰恰是他最不在意的部分，他知道必須要和這位先生碰個面，他要用雙手親自確認對方的病情，這才是更重要的部分。

他答應他會前來拜訪。

他則在台東長濱的天主堂前等待救贖和寬恕一個生病的人。

吳神父與當地小孩（左）；每週三與週六，專業的腳底按摩師父們會到長濱天主堂為需要的人服務，並且指導有興趣來學習的新住民。（王漢順 攝影）

4

來自美國的神父兄弟

丁松筠&丁松青

從小時候為弟弟說故事開始，大丁一直在扮演著使人快樂的角色，小丁則是不斷在尋找快樂的方法，儘管兩兄弟的個性和事業成就大不相同，但他們都成功詮釋了工人教士的社會角色。

○陳啟民

人物小傳

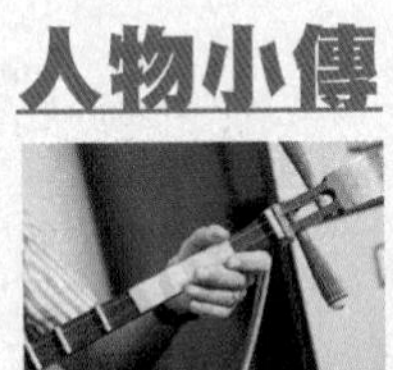

丁松筠（Jerry Martinson，一九四二年～），出生於加州聖地牙哥，美國籍天主教神父，一九六七年接受耶穌會派任來到台灣服務。曾任職於輔仁大學，教授哲學相關課程，而後在一九七四年進入光啟文教視聽節目服務社（簡稱：光啟社）服務。除了正職的工作之外，也以歌手、演員、主持人、製作人等身分活躍於台灣的電視螢光幕前，參演過《香妃》、《巴黎機場》、《利瑪竇》、《舊情綿綿》等電視劇，及主持《傑瑞叔叔說英語》、《傑瑞美語時間》、《擁抱綻放在山崖邊的花朵》、《孝孝青春》等節目。丁松筠神父長期任職於光啟社，擔任社長時期帶領光啟社成為台灣在老三台以外最重要的傳播勢力。

丁松青（Barry Martinson，一九四五年～），出生於加州聖地牙哥，美國籍天主教神父，一九六九年接受耶穌會派任來到台灣服務。一九七一年，以修士身分前往蘭嶼服務，期間認識作家三毛與達悟族工藝師施英輝。一九七六年晉鐸神父後，接受派任前往新竹縣五峰鄉的清泉部落擔任本堂神父。工作之餘，丁松青神父將自己寄情於山水書畫之中，與工藝師施英輝合作完成清泉天主堂內的馬賽克壁畫、木雕及彩繪玻璃等藝術作品，另有《蘭嶼之歌》、《清泉故事》、《剎那時光》等二十多本出版品。

（王漢順 攝影↑）

丁松筠神父（Jerry）。（王漢順 攝影）

丁松青神父（Barry）。（王漢順 攝影）

就在我坐在教堂後面的鴨舍旁，眺望著山腹時，我發現了冬天在山景中所做的變化。不久前，山腹還生意盎然地布滿蒼翠繁茂的綠葉。幾個乾冷的冬月卻將山巒變成一片灰黃。除了一些樹，教堂下的山腹是一大片交纏的枯黃雜草。

——丁松青．《清泉故事》

「從前有四隻小白兔，他們的名字分別是拍拍、小怪、棉尾和彼得。他們和媽媽住在沙丘的一株大冷杉木的根部底下。一天早上，兔子太太說……」

彼得兔是弟弟巴瑞（Barry）最喜歡的童話故事，自從爸爸生病在家休養，已經有好久好久一段時間沒能講故事給他聽。這一天，是十歲的哥哥傑瑞（Jerry）講給八歲的弟弟聽，那是爸爸過世的第一個晚上。媽媽的肚子裡還有一個未出生的小弟。巴瑞難過到睡不著，傑瑞也同樣哀傷，不知道該如何安慰弟弟，只好講故事給他聽。

故事講完，巴瑞問哥哥：

「爸爸死了，他會去天堂嗎？」

「爸爸很疼愛我們，鄰居朋友都喜歡他，他一定會上天堂的。」傑瑞語氣十足篤定地說。

「你又沒有親眼看到爸爸上天堂，為什麼能這麼肯定呢？」

「我們從出生就信奉天主教的道理：人死後會復活，會到天主那裡去。所有的天主教徒在過世之後，都會有神父主持敷油儀式和祝禱。神父是和天主最接近的人，有神父的指引，爸爸一定可以上天堂的。」

疼愛孩子的父親，不幸在傑瑞十歲、巴瑞八歲時因病過世（上）。（丁松青 提供）

原先專職家庭主婦的媽媽在父親離開後，母代父職，扶養三兄弟（下）。（丁松青 提供）

巴瑞想起在學校時，同學們總喜歡在午餐過後到遊樂場打發時間，只有他獨自跑到學校的教堂裡面去默思，他很喜歡無人打擾的教堂，那種與世隔絕的寧靜感，是小小年紀的巴瑞和天主最接近的時刻。

「我長大也要當神父，管理教堂，接近天主，也和父親接近。」巴瑞的話語中帶著一點稚氣。

「只要堅持你的想法，將來你一定可以當成出色的神職人員。」哥哥在這個時候反而像一位慈祥的長者。

傑瑞因為父親的逝世在一夜之間長大，他深切覺得家中父親的角色應該要由自己一肩扛起，特別是在最小的弟弟出生以後。講彼得兔的故事給巴瑞聽的同時，傑瑞開始摸索著該如何轉換自己的角色。

父親離開後只留下微薄的保險金，一家四口不只要節約開銷，省下理頭髮、看電影、買新衣服等支出，還得設法多賺點錢彌補不足之處。於是原先專職家庭主婦的媽媽兼差當保母，幫忙照顧鄰居家小孩，並在住家附近的學校找到祕書的工作，兩兄弟則是挨家挨戶登門派報。

某日全家外出到教會參加完禮拜回家，門口擺了一個大型的包裹，拆開發現裡面都是給小孩穿的衣服。這時媽媽臉色一變，趕緊把包裹重新包裝好，開車將衣物轉送到附近的社福機構。

兩兄弟對母親的這番作為感到困惑，回家的路上，媽媽對兩兄弟說：

「我們收入雖然不多，但平常只要節省開銷，日子依然可以過得還不錯。我相信，天主不會拋棄我們。生活上有任何問題，我們都得靠自己的力量去解決。」

決定要當神父的兩兄弟

弟弟巴瑞從小就立下當神父的心願，但率先走向神職工作的卻是哥哥傑瑞。

高中時偶然在雜誌上讀到史懷哲非洲行醫的故事，傑瑞內心十分感動，當下立志未來要當醫生，到偏遠窮困的地方，奉獻自己的所有。這時期的傑瑞除了課業和打工以外，社交生活豐富的他交遊廣闊，還有一位感情不錯的女朋友。

當醫生的想法一直維持到高中畢業前，一次和戲院打工的好友聊天時談到未來的出路，當時傑瑞已經跟舊金山的大學申請獎學金，準備就讀醫學院。但是當朋友告訴傑瑞他以後想當神父時，傑瑞感到有點震撼之餘，內心還有點嫉妒，從醫的意志居然開始鬆動。

那天晚上，傑瑞回想起前幾年父親剛過世時，心中對於未來充滿著不安，那種感覺只有在他到教堂，從祈禱中感覺到天主給予他的力量，才使得他對生活不再惶恐。

那天晚上，傑瑞心中不斷掙扎著是否應該調整未來的方向。睡前禱告結束後，傑瑞對自己說：

「我也想要當神父！」

從事神職的念頭一再浮現腦中，傑瑞整夜翻來覆去無法入眠。身為長子，說什麼都應該想辦法賺錢，幫忙減輕家中的經濟負擔，讓兩個弟弟順利念完書，怎麼能夠丟下媽媽和弟弟不管，跑去當神父呢？

認真思考了幾天，傑瑞還是決定順從天主的呼喚，放棄習醫的夢想，和好友一起走上修道的路途。因為很怕當時女友無法諒解，傑瑞遲遲不敢對她說出心裡的想法，直到她從別人口中獲得傑瑞想當神父的訊息。女友打電話到傑瑞家，交談中非但沒有絲毫不悅，反而鼓勵他勇敢邁開腳步。女友的體諒更堅定了傑瑞的信仰。

個性外放的傑瑞要到修道院念書，最不放心的就是媽媽。離開家前，母親提醒傑瑞說：「既然你已經下定決心，那麼一定要用心學習，全心全意為天主及天主的子民們奉獻。但如果覺得修道院的生活不適合你，歡迎隨時回家，你上大學的錢我會幫你保留好，一毛錢都不花掉。」

弟弟巴瑞的高中生活同樣精彩，經常和朋友們玩到深夜才回家。但玩得愈瘋狂，巴瑞就愈迷失，在群眾之中巴瑞特別容易感到孤單。

某個晚上，朋友們相約到老舊的墳場玩捉迷藏。等待被發現的過程中，巴瑞不斷思索這樣玩樂的意義在哪裡。月光下，從腳底下傾毀墓碑模糊的墓誌文與清晰的十字架中，巴瑞看見了兒時的自己。就在那瞬間，巴瑞的心猛地一痛，發覺自己的行為有多麼荒誕，當下立刻決定離開玩鬧得正開心的朋友們，起身返家。

傑瑞離家兩年後，個性沉靜內斂的弟弟巴瑞從高中畢業，堅決依循自己小時候的夢想到修道院讀書，往神父之路前進。他的決定不是只為了從尚未獲得意義的現實生活逃開避去，

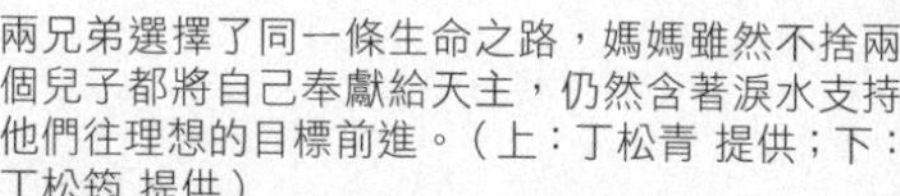

兩兄弟選擇了同一條生命之路，媽媽雖然不捨兩個兒子都將自己奉獻給天主，仍然含著淚水支持他們往理想的目標前進。（上：丁松青 提供；下：丁松筠 提供）

而是要試著接近什麼——在他那個年紀還說不上來的東西或事情。

媽媽雖然不捨兩個兒子都將自己奉獻給天主，仍然含著淚水對即將離家的巴瑞說：

「我喜歡你在家裡的每一分每一秒，這些年來我一直很快樂。現在你選擇離開家裡，往理想的目標前進，我也不會難過。因為我希望你快樂，只要你快樂，我也就心滿意足了。」

哥哥傑瑞正在修道院等待弟弟的到來，兩兄弟選擇了同一條生命之路，對巴瑞而言，這就是一種幸福。每個月會有一次的時間，兄弟倆暫時將功課拋在腦後，一同到山坡上去散步。那時，兩個人分享著彼此的理想、希望，還有，可能有一天被派遣到海外偏遠地區去當傳教士的想望。

「耶穌會最好的神父就是那些遠去海外傳教的。」巴瑞九歲那年，阿姨到聖地牙哥拜訪時曾經這樣說過。「有些傳教士被派遣到遙遠的島嶼上……」

在巴瑞心裡種植花朵

在修道院裡，巴瑞認識了影響他神職生涯最深的人——曾經在亞洲為華人服務二十多年的方濟老神父。

剛從亞洲返回美國時，方濟老神父因為身體狀況不佳，住進修道院附近的療養院。方濟神父歸國的消息迅速在修道院傳開。對於神祕的東方一直有著眾多想像的巴瑞，一抓到機會就跑到療養院找老神父聊天。方濟老神父告訴巴瑞許多關於華人世界的故事，他愈說，巴瑞愈嚮往那個想像中的國度。

方濟老神父引用智慧的奧古斯汀曾經寫過的句子：「我們的心是永遠在漂泊的，除非我們歸向天主！」鼓勵巴瑞勇敢踏出步伐去實現自己的夢想。

在療養院大約一年的時間，老神父的身體狀況明顯好轉，便搬回修道院繼續休養，老神父的居所與巴瑞的房間僅有一樓之隔。回到修道院的第一天，巴瑞就迫不及待帶著他所畫的聖母像去拜訪老神父。

修道院的管理嚴謹，生活作息規律，修士必須嚴格遵守所有戒律，私人的時間有限。聖母像是巴瑞利用他每天僅有的十五分鐘，耗費近一年才完成。方濟老神父十分欣賞巴瑞的作品，也相當佩服上天賜給巴瑞的藝術天賦。老神父告訴巴瑞：

「你的畫中充滿了天主的恩典。華人熱愛藝術，他們愛溫柔的人。如果你願意，儘管敞開自己的心胸，全心全力將你的藝術，奉獻給一直在身邊守護你的天主，以及未來即將服務的人群。」

長久以來，巴瑞總是找不到自我，他覺得自己欠缺安全感又軟弱，能力落後其他同學一大截，除了繪畫之外，巴瑞不知道自己還能做些什麼事情。也因此，巴瑞還曾經懷疑是否適合神職的工作。在修道院遇到方濟老神父，巴瑞就如同獲得救贖一般。方濟老神父看見一些巴瑞自己沒有法子看清楚的東西。他在巴瑞心裡種植花朵。在那之前，巴瑞只看見雜草。

有一次，老神父把巴瑞拉到面前，交給他一本書《Brothers of Man》，內容是關於一名深入塵世，在沙漠中與社會最底層的民眾一起工作，以身體力行的方式貼近人群的神父。

巴瑞讀完之後非常喜歡，他問老神父說：

「我們耶穌會的修士也能像書中的神父那樣，當個工人教士（Worker Priest）＊嗎？」

老神父咳了兩聲後回答：

「當然可以，而且在耶穌會中，必須要有人挺身而出，勇敢這樣做。那些貧苦的人在呼喚你，你去跟他們做朋友，在那裡會有你正在尋找的答案。人生的道路上，只有生活可以做你的導師。」

接著老神父又說：

「你也許羨慕他人有的能力，可是天主也給了你一些很特別的東西，祂使你微小，那是因為你將去跟卑微的人在一起。」

巴瑞從方濟老神父的啟發中明白——與其在心裡拔草，不如更加仔細地灌溉心中的花朵。

那天，巴瑞離開了方濟老神父的房間，讓自己歸向世間的人群。

練吉他學華語

一九六七年，在修道院念完六年書，獲得哲學碩士學位的二十四歲傑瑞，帶著一把木吉他與簡單的行李，和其他五個年輕修士，跟隨著眾多學長們的腳步，從舊金山搭乘貨船來

＊工人教士：意指不侷限於個人的神職身分，而以一般勞工的身分，過著與一般勞動階級相同的日常生活型態。

守護清泉的天使，是巴瑞的母親丁莉莉女士的塑像（上）；清泉天主堂一景（下）。（王漢順 攝影）

到台灣。

漫長十八天的海上旅途，年輕修士們為了排遣時間，唱歌、打牌、聊天與固定的宗教儀式之外，還在船上自導自演了一段粗糙但有趣的八釐米海盜電影，傑瑞負責飾演臉上滿是長長刀疤的性格海盜。

在美國時，傑瑞還不太會彈吉他，唱歌也不怎麼行。自從離開舊金山，在貨船上的日子，傑瑞將大部分的精力都投注在吉他練習上，等踏上台灣的土地，傑瑞已經可以自彈自唱幾首曲子了。往後的日子裡，傑瑞發現吉他不只幫他拉近人與人之間的距離，對他的華語學習幫助也很大，中文詞句特有的抑揚頓挫，對他來說就像是在唱歌一般。在台灣的生活，吉他就是傑瑞最貼身的伴侶，幾乎和他本人畫上了等號。

剛到台灣的前兩年，傑瑞都在新竹的華語研究院學習說中文，他在華語學院獲得中文名字「丁松筠」。第三年開始，為了讓自己的中文能力有更長足的進步，他申請到校外與一般的台灣家庭共同生活，並且利用課餘的時間到新竹社會服務中心服務弱勢族群。

在華語學院裡，有一位澳洲來的顧修士，非常喜愛彈吉他，和丁松筠相比，顧修士的吉他演奏明顯展現了精湛的技術，丁松筠則純粹是內心情感的表現。

顧修士組了個「神風合唱團」，找來丁松筠和他一起彈吉他，還有另外兩位外國修士分別拉手風琴與吹奏薩克斯風。顧修士對於練習的要求嚴格，經常對老是彈錯和弦的丁松筠用夾著德語的英文又叫又罵。顧修士愈罵，丁松筠就愈慌亂，但也因顧修士的嚴格要求，丁松筠的吉他功力才能在不斷練習中神速進步。經過幾個月的練習，累積了一些演出經驗，

在台灣的生活，吉他就是丁松筠最貼身的伴侶，幾乎和他本人畫上了等號。而「丁松筠&丁松青」兩位神職兄弟的搭檔演出曾經在新竹地區小有名氣。（丁松筠 提供）

團員們決定報名參加《五燈獎》電視歌唱比賽節目。大夥有機會到繁華的台北，心中非常興奮，一進到電視台，就看到白嘉莉和田文仲等當時的大明星，開心的感覺更是加倍。

不乏現場演出經驗的幾個大男生，在面對電視攝影機時，卻像是一群初學者那般，吉他搶拍、薩克斯風聲音出不來、手風琴彈錯音階、主唱又抓不到聲調。原本信心滿滿想要獲得五個燈，最後卻只拿了三個燈，沒能登上衛冕者寶座。失敗的挑戰者獲得了一箱口服液，這是他們從表演中獲得的獎勵，大夥便一路喝回新竹去。

往蘭嶼前進

丁松筠到台灣的第三年，弟弟巴瑞同樣在二十四歲的年紀，從舊金山搭貨船來到台灣，有了「丁松青」這個中文名字。追尋著哥哥的腳步，丁松青到台灣後先在新竹學習華語，也開始學習吉他彈奏，並且協助丁松筠在社會服務中心服務。兩人經常交換彼此喜歡的樂曲，偶爾也一起上台，為新竹少年監獄的感化生，以及新竹當地的工人和社會青年表演精彩的曲目。「丁松筠＆丁松青」兩位神職兄弟的搭檔演出，曾經在新竹地區小有名氣，「大丁」與「小丁」的暱稱也不脛而走。

結束在新竹二年的華語課程，大丁到輔仁大學修讀準備晉鐸神父的課程，小丁則是留在新竹持續接受訓練。兩年過去，課程暫告段落，同學們一個個離開華語研究院，空蕩蕩的宿舍只留下還不知下一步該往哪個地方走的小丁。內心充滿著孤寂的他，心裡頭老想著，

追尋著哥哥的腳步，丁松青到台灣後先在新竹學習華語，也開始學習吉他彈奏，並且協助丁松筠在社會服務中心服務。兄弟倆是彼此生活和事業的導師。

（丁松筠 提供）

世界上貧窮落後的地方那麼多，為什麼他偏偏要到相對富足進步的台灣來？

小丁最終決定先為自己安排了一趟環島旅行，如果還是找不到答案，那麼就暫時離開台灣到其他國家去。

旅程進行到剛好一半的地方，小丁在台東機場遇到因天候影響，暫時到不了蘭嶼的賀神父。基於共同的信仰，兩人一見如故，相談甚歡。神父描述了蘭嶼的貧窮與醫療水平落後，感嘆島上的教堂沒有駐任神父，又一直找不到人幫他忙的窘境。

神父口中的蘭嶼正是小丁最想去的地方，於是他便迫不及待毛遂自薦。

剩餘的行程草草結束，小丁回到新竹隨即整理好家當行囊，往蘭嶼前進。

他在蘭嶼國小找了份教導學童美術和音樂的無給職工作，沒課的時候就幫忙管理教堂內提供給當地居民簡易醫療用品。

熱情的蘭嶼人個個待他如同家庭成員那般，小丁偶爾會跟達悟族年輕人下海游泳捕魚，或是和鄰居婦女上山採芋頭。族人經常主動給他麵餅、野菜和新鮮的魚。有次媽媽特地從美國飛來台灣，跟著哥哥到蘭嶼探視小丁，一家三口為了吃一餐飯，還得要輪流到三、四戶人家去，只因達悟族人盛情難卻。

為了能更深入體會達悟族人刻苦的生活型態，小丁曾經跳上行駛幾個小時，沿著蜿蜒崎嶇的產業道路，一路搖晃到台東大武山深山內的柴油貨車，帶著雨鞋、手套、斗笠、便當盒及毛巾，與達悟族的朋友們一起從事砍木材種樹苗等最耗體力的基礎工作。

這一年的蘭嶼生活，小丁認識的第一個朋友，是還在國民中學就讀，漢名施英輝的達

一趟環島旅行，小丁遇到賀神父，開啟了一年的蘭嶼生活，熱情的蘭嶼人個個待他如同家庭成員。（丁松青 提供）

悟族工藝師。旅行時遭到颱風困住的作家三毛，也在蘭嶼和小丁結識。當時的三毛只有二十八歲，小丁也才二十六歲，兩人對藝術、音樂和文字都有濃厚的興趣。蘭嶼的相遇之後，因在心靈上高度契合，兩人成了彼此人生中很重要的摯友。享譽整個華人世界的三毛在小丁面前只感到自己的渺小，她說：

「看他——不知道講什麼才好，那樣一個人，講什麼都是俗里俗氣的，我是說我——」

在蘭嶼服務的時間過得很快，一年過去，小丁同樣到輔仁大學進修晉鐸為神父的課程，兩年後再轉到菲律賓繼續完成課業。

從「神風合唱團」到光啟社

大丁只花了三年的時間就在輔仁大學取得晉鐸資格，之後在輔仁大學企管系開課，教授人生哲學。為了引起學生們對哲學的興趣，大丁的教學方式有別於傳統，利用了很多的視聽器材。吉他和幻燈機是必備的工具，每當開始新的進度，大丁總會選唱一首與課程主題相關的歌曲，這個方式很能吸引學生的集中力。

大丁在《五燈獎》的挑戰之後認識了台視演員訓練班的主任，因緣際會下，大丁受邀到演員訓練班教唱西洋流行樂曲。過程中大丁愈教愈有心得，並因此發現電視工作對他有莫大的吸引力，慢慢培養出對參與電視工作的濃厚興趣，也因此和一些年輕的演員開始熟稔起來，逐漸認識何謂表演。

大丁神父曾擔任崔苔菁的專屬英文老師（上）。（丁松筠 提供）

一九七四年的某天，大丁神父決定依循天主教耶穌會神父流傳的習俗，到需要自己的地方去服務，辭去輔仁大學的教職，接手光啟社的工作（下）。（丁松筠 提供）

弟弟丁松青在輔大念書的這段時間，丁松筠重新組合了「神風合唱團」，開始在學校內唱歌或參加活動。

七〇年代正值校園民歌的萌芽時期，演唱會的活動很多，但大部分唱的都是英文歌曲。神風合唱團的演唱同時包含了英文、國語、台語和原住民語，有時候還把各種語言串起來在同一首歌曲中表現，因此很受歡迎。最轟動的一次現場演出經驗就在輔仁大學，當時在輔大念書的胡茵夢和賴聲川就從那次表演開始嶄露頭角，就讀台大外文系的胡德夫在那場演出壓軸登場。

「神風合唱團」四處演唱後不久，光啟社打來電話，邀請團員到由崔苔菁所主持的電視節目《藍天白雲》表演歌唱。那次的節目經驗，使得大丁成了崔苔菁專屬的英文老師。某次崔苔菁開車到輔大找大丁聊天學英語，消息傳開，全校上下競相到會客室爭睹明星風采，紛紛忘記還有課要上，意外造成全校師生大翹課。

一九七四年的某天，台灣耶穌會的會長將大丁找到面前，談話中，會長要他考慮到光啟社接任製作教育節目視聽教材的工作。

思考好一段時間，反覆徵詢多位朋友的意見，大丁決定依循天主教耶穌會神父流傳的習俗，到需要自己的地方去服務，辭去輔仁大學的教職，接手光啟社的工作。最重要的原因是光啟社雖然隸屬於天主教耶穌會，卻不在節目中直接碰觸宗教議題，而是保持開放的視野與胸襟，試圖為這塊土地注入更多的關懷與創新的力量，以此目的感染電視機前的收視群眾，達到淨化人心的效果。這才是大丁真正想透過自己的信仰所做的事情。

在清泉向民眾學習

一九七六年，丁松青從菲律賓完成學業回到台灣，便前往位於新竹山區五峰鄉，從西班牙籍宋恆毅神父手中，接任因葛樂禮颱風摧毀，在一九六五年重建的清泉天主堂，擔任本堂神父的工作。從此丁松青成為大家口中的小丁神父，哥哥丁松筠也就順理成章變成大丁神父。

距離竹東大約一個小時的車程，清泉部落沿著霞喀羅溪溪谷兩岸建立發展，日治時期因開發溫泉休閒區而聞名，舊名井上溫泉或嵐山溫泉。霞喀羅溪發源自雪山山脈，潺潺溪水傾訴著泰雅族人的古老神話，溪谷中的大石將少帥張學良的幽禁歲月埋藏，橫跨兩岸的三座舊式吊橋串連起族人血脈。清泉天主堂以居高臨下的姿態矗立於左岸的陡峭山壁上，與對岸的溫泉區兩相對望，重建的張學良故居就在天主堂腳下。

初到清泉履職的小丁很不能適應自己的身分轉換，在新竹學華語時，小丁就曾經到過清泉參加夏令營，熱情的教友們在那幾天和他勾肩搭背稱兄道弟。但再次回到清泉，教友和小丁之間的距離變得不再親密，見到他的第一句話往往是神父來、神父去的，小丁聽在耳中怎樣都不自在，最大的原因在於，身邊的這些人，原本都不屬於小丁神父的日常生活，或者說，小丁神父還沒準備好讓這些人進入自己的生命中，他只是在執行被賦予的日常職責而已。

聖誕節前幾天，大丁神父跟兩位朋友到清泉探訪小丁神父，旅程結束時，小丁就生活裡發生的事，徵詢大丁的意見：

「你知道，傑瑞，我花了很多時間和我的雞、鴨及狗在一起。你覺得那樣不對嗎？……或許牠們不該在我生活中占如此大的分量。我是說，人比較重要。我試圖做好我的工作，為這些人服務。但有時我懷疑他們對我有多大的意義。我懷疑自己是否真愛他們。」

大丁以慈愛的眼神看著有點無助的弟弟說：

「我知道那種感覺！你想要知道自己是否真心愛某人，或僅僅是在盡職而已，那並不容易。……或許會有一些事情，一些讓你更能體會，更能感受周遭人事物的事情。」

拉近和當地居民的距離成了小丁神父的首要工作，他回想起在蘭嶼時，和達悟族的朋友一起上山工作的經驗，決定再次捲起衣袖把自己弄髒，和部落族人一起工作。優先順序從粉刷教堂牆壁和天花板開始，接著修理木器，而後鋪設水管，改善天主堂的排水，最後在教堂內安裝淋浴設備。

教堂內部整修完工後，小丁神父跟著天主堂附近的鄰居一起上山整地砍草種植作物，賺取微薄的薪水。還有一陣子，小丁在新竹的木材廠找了份工作，平日就待在山下當工人，假日再回到清泉主持禮拜。

剛開始的時候，小丁只想嘗嘗當工人的滋味，向社會最底層的民眾學習，拉近彼此間距離，並且參與他們的生活。可是在過程中，夥伴們對他的各項協助，讓小丁深深感到，不管自己擁有多少，在別人有需要的時候能夠慷慨施予才是最重要的。這全是在工作過程中，勞工朋友教導他的。小丁學到一件很珍貴的事，哪怕自己擁有的東西再少，也應該要樂於

清泉部落沿著霞喀羅溪溪谷兩岸建立發展，清泉天主堂以居高臨下的姿態矗立於左岸的陡峭山壁上，與對岸的溫泉區兩相對望。（王漢順 攝影）

和人分享。

在平地的這段時間，小丁替外出在新竹工作的原住民組織了「山地青年聯誼會」，定期舉辦活動，消解出外生活的寂寞感，也更快適應以漢民族為主體的社會運作型態。「山地青年聯誼會」先後在新竹、桃園、台北等地成立，組織成員全台灣各原住民族群都有。

苦難與共的工作經驗，不僅拉近了小丁與清泉地區居民的距離，更重要的是小丁神父能以切身的角度觀察居民們的生活作息，這些種種讓他深深體會，結束每天的辛苦工作，任何人都只想好好回家洗澡睡覺，誰還會想要上教堂聽無聊的外國人講《聖經》道理？

到餐廳唱歌傳教

大丁神父就不用擔心星期天的時候會不會有人來聽他講道，他所面對的是台灣電子傳播界的大環境，在光啟社工作的初期，每週教會《藍天白雲》主持人崔苔菁一首與節目相關的英文歌曲是他的基本工作項目。此外，大丁神父也得負責寫廣播稿，以及策劃國中英語教學錄影帶。這些工作都使得大丁更進一步了解大眾傳播工作的實質內容與意涵。

某個晚上，大丁神父接到還沒當上電影導演，剛從軍中退伍的虞戡平先生來電，邀請大丁到他們家開設的西餐廳演唱。大丁很懷疑自己的神父身分到餐廳演唱是否會把客人嚇跑，但最終還是被虞戡平的熱情說服，決定嘗試這個新鮮的兼差工作。

表演的餐廳位置在天主教聖家堂的後面，台灣耶穌會的會長就住在聖家堂。第一天上台演唱時，大丁發現有位身穿黑色衣服的人躲在餐廳最暗的角落偷偷觀察他，大丁直覺認為黑衣人很可能是會長派來的神職人員。為了避免會長對他產生誤會，大丁只好將原本排好的西洋流行歌曲清單取消，翻出福音歌本，改唱節奏輕快的聖歌。幾天後，會長打電話給大丁，不僅沒反對大丁演唱，甚至鼓勵他以唱歌的方式到餐廳「傳教」。

每個星期兩次的表演，唱著唱著居然讓大丁神父唱出名氣，連台視《快樂農家》的導播都找上餐廳，邀請大丁神父到節目中獻唱台語歌曲。討論的過程，大丁神父原本準備唱傳統民謠〈望春風〉，但導播覺得這首歌已經太多人唱過，沒什麼新鮮感，建議改唱〈燒肉粽〉。錄影當天，大丁神父戴上斗笠穿唐裝，背著吉他面對鏡頭開始唱〈燒肉粽〉。

錄完影後，大丁深深自責沒把歌唱好，原本應該哀怨淒涼的曲調，卻讓他唱得開心愉快。沒想到電視播出之後，開始有第二個節目找他去唱〈燒肉粽〉，然後是第三個、第四個、第五個……〈燒肉粽〉從此成為大丁神父的招牌歌曲，只要有公開的表演，必定要來上一曲，至於曲調是淒涼或輕快，似乎沒有那麼重要。

每次只要電視上播出大丁神父唱〈燒肉粽〉的節目，那個星期天到清泉天主堂出席禮拜的人數就會明顯增多。所有的部落族人都想告訴小丁神父，他們在電視上看到大丁唱歌。

動手做出馬賽克壁畫

在清泉的工作空檔，小丁神父最喜歡的休閒活動就是畫畫。不畫畫的時候，就寫寫字。

小丁將他在蘭嶼的生活點滴集結成書，並將他親筆寫的英文書稿寄給好友三毛當成禮物。沒過多久，三毛居然親自帶著出版社的編輯到山區拜訪小丁神父。三毛計劃將小丁的文字親自翻譯成中文，再交給出版社發行。

小丁熱情地帶著三毛參觀他剛完成、位於聖堂入口處的壁畫，他對著三毛說：

「夏天來到時，我開始計劃做一面能蓋住教堂整個後牆的大壁畫。我打算用泰雅族的圖樣畫一個大十字架，以及一群群穿著山地服裝的古代泰雅族人，他們一面打獵、織布、收成，一面望著十字架。」

「以前，剛來的時候，這座聖堂是灰色的，我在裡面禱告總是不太舒服，後來重新布置了它，花了一年的時間慢慢地畫畫，現在就是這個樣子……」

完成聖堂內的壁畫，小丁打算繼續在天主堂外廣場的牆面上如法炮製，利用《聖經》內的故事，為灰白牆面增添色彩。在世界各國遊歷豐富的三毛卻不建議小丁這麼做，三毛給小丁神父的理由是：

「畫在戶外的圍牆上，難免要遭受風吹雨淋，時間一久，顏色就跟著脫落，不容易保存。我在中東旅遊時看到很多的馬賽克壁畫，你也許可以試試看，應該不怎麼難。」

聽從了三毛的建議，小丁神父到製作馬賽克的工廠去撿拾被拋棄的碎片，遇到恰好是他想找的顏色，就欣然拖回天主堂。開始動手後，小丁才發現事情並非三毛所說那般簡單。畫圖難不倒他，要將圖畫內容一片一片貼在牆上，牽涉到的是建築的技法。這點可就讓小丁神父傷透腦筋，牆上的馬賽克經常是貼了就拆，拆了再貼，進度比計畫遠遠落後。

丁松青和三毛在蘭嶼結識，兩人對藝術、音樂和文字都有濃厚的興趣，因在心靈上高度契合，兩人成了彼此人生中很重要的摯友。（丁松青 提供）

已經在台北開了將近七年計程車的達悟族青年施英輝在這個時候打電話給小丁神父，因為工作一直沒有新的進展，他打算跟神父說再見後，返回蘭嶼另謀出路。電話中小丁神父想起在蘭嶼時，達悟族人做什麼事都是親自動手，不只造船，連蓋房子也是。小丁想著也許可以借助施英輝的力量幫他完成馬賽克壁畫，便要求他在返回蘭嶼前先到清泉幫忙。施英輝感念小丁在蘭嶼時對族人和自己的關懷，欣然答應上山相助。

前後有一年多的時間，施英輝一個星期在清泉山區貼馬賽克，一個星期到台北開計程車。之後施英輝打消返回蘭嶼的念頭，搬到清泉和泰雅族人共同生活。完成馬賽克壁畫後，施英輝繼續幫小丁神父製作串聯天主堂內部整個牆面下方的木雕，以及最為人熟知，天主堂窗框上璀璨亮眼的彩繪玻璃。小丁神父畫圖、施英輝施工製作成了兩人固定的合作模式，最特別的是，小丁神父所畫的《聖經》故事，人物全都穿上了原住民的傳統服飾。

三毛幫小丁神父用英文書寫的作品翻譯成中文出版是另外一個固定的合作模式，除了以蘭嶼生活點滴為背景的《蘭嶼之歌》之外，陸續又出版在清泉服務前六年記錄的《清泉故事》，以及小丁神父在旅程中自我探尋的《剎那時光》。

小丁神父與三毛兩人相互充滿激賞，經常分享彼此內心的孤寂，三毛在《清泉故事》的序言中提到曾經寫給小丁神父的信：

……我無意中說起心中的寂寞，不是因為哀愁，而是覺得，好像在這世界上，沒有另外一個人，懂得刻在我靈魂裡的那份欣賞、讚歎、平和、溫柔和喜悅。在這樣有魅力的一場

小丁神父聽從三毛建議，借助達悟族青年施英輝的力量，完成了清泉山區的馬賽克壁畫（上）。施英輝繼續幫小丁神父製作串聯天主堂內部整個牆面下方的木雕，以及最為人熟知，天主堂窗框上璀璨亮眼的彩繪玻璃。最特別的是，小丁神父所畫的《聖經》故事，人物全都穿上了原住民的傳統服飾（下）。（王漢順攝影）

生命之旅中，我好似總是一個人在狂喜，沒有人能夠去說。謝謝你在祈禱中記得為我，其實，這份刻骨的孤寂，仍是美好的。

小丁神父則是在三毛最喜歡的《剎那時光》工作手記中說：

……直到這本書的合作，我才明白，一個心靈居然可能和另外一個世上的靈魂，在溝通和了解上，那麼自然又不費力地契合到這樣深切的地步——這是我過去跟任何一個人，不曾有過的經驗。

用媒體力幫助難民

一九七九年，大丁神父以天主教電視廣播亞洲分會祕書的身分，奉派到曼谷參加年度大會。那時正值共產黨在中南半島大肆擴張領土，泰國和高棉的邊界上，有很多越南與高棉地區的難民，因為受不了共產黨的迫害，紛紛往泰國逃亡，卻在邊境被泰國軍隊攔阻，禁止他們入境。會議結束後，一名泰國的主教建議與會成員籌募些物資到邊境去探望那些難民。

難民們在蠻荒地帶長途奔波跋涉，抵達邊界由聯合國搭建的臨時難民營時，許多人早已奄奄一息，有些染上重病，有的則是已經餓到不成人形，誤踩地雷被炸斷腿的人也不少。

大丁神父去的那個難民營有三萬人，每天平均會有六十個人在營區內死亡，從外地到難民營協助的志工連將死人埋葬，避免傳染病繁衍的時間都不夠。大丁神父親眼看著難民們瘦弱的身形和充滿哀怨的臉孔，再看到許多找不到父母的孤兒，以及得不到妥善醫療照顧的病患，心裡頭的無力感就如同身上背著沉重的石頭那般。

回到繁華的台北街頭，泰緬邊境那些難民的影像一直在大丁神父的心裡頭揮之不去。再回頭想想高中時所讀到的史懷哲非洲行醫的故事，這時的大丁與放棄一切遠赴非洲的史懷哲差不多年紀，心中同樣充滿著理想，正是因為有理想引導他主動去尋找重要且有意義的服務機會，大丁才會當上神父。大丁思索著如何以神父的身分去醫治別人的苦痛，手中這個在台灣占有舉足輕重地位的大眾傳播媒體光啟社，正是大丁神父所能掌握最有利的資源。

從難民營回到台灣，大丁神父花了超過四年的時間籌備與來回聯繫，才總算排除所有困難，組成包含他自已在內，由李道明導演率領的四人外景隊。一行人冒著隨時遭受共產黨砲火攻擊與誤踩地雷的危險，往泰緬邊境出發。

即使每天的拍攝工作都會遇到一些安全、政治和器材上的問題，他們都想盡辦法及時克服。外景隊將飽受砲擊的簡陋營區、流離失所的家庭、孤苦無依的兒童，及孤立無援的傷患一一收錄在膠捲內。

從泰緬邊境拍回來的影片先是在電視台編輯成六集的特別節目播出，之後再剪輯成六十分鐘的紀錄片《殺戮戰場的邊緣》，送到德國和澳洲等國外電視台陸續播放。電視播出難民營的影像同時，也發起募捐的活動，並且獲得熱烈迴響，短短時間就募集到兩千萬台幣的金額。這些錢由天主教明愛會換成美金，轉送到難民營，大部分當成孩子們的教育基金，一小部分則用來購買生活物資與醫療用品。

《殺戮戰場的邊緣》因為深入討論戰爭中的性別、文化、教育和人權等問題，接連在一九八六年獲得第二十三屆金馬獎「最佳紀錄片」與「最佳紀錄片導演」，以及第三十二屆亞太影展「最佳短片獎」等獎項。

電視台播出《殺戮戰場的邊緣》後，有好幾個禮拜的時間，大丁神父經常可以搭免費的計程車外出洽公，司機總要求大丁神父幫忙把車資捐助給泰緬邊境的難民。

動人的清泉故事

小丁神父從哥哥的提點當中，經由工作學會如何去愛身邊的人，因為對藝術的愛好，讓他投入大量的心力在改善周遭環境的工作上，美化天主堂僅僅只是他的開端。有一陣子，為了清除部落內的髒亂景象，他將每個星期天固定的禮拜儀式移到戶外，只要部落內哪裡髒亂，就到那個地方做禮拜。大夥先一起動手撿拾附近的垃圾，等到環境清理好，小丁神父才會開始主持禮拜儀式。

淨化人心與淨化環境的工作對小丁神父而言同等重要，為了避免山區的家長忙於生計而忽略孩子的學習，小丁神父在五峰與清泉之間的高峰部落，利用原本廢棄的教堂，創辦聖心幼稚園，學員人數一直穩定維持在五十人左右。幼稚園的所有開銷都靠小丁神父設法籌

《殺戮戰場的邊緣》因深入討論戰爭中的性別、文化、教育和人權等問題，接連獲得第二十三屆金馬獎「最佳紀錄片」與「最佳紀錄片導演」，以及第三十二屆亞太影展「最佳短片獎」等獎項。（上：丁松筠 提供；下：王漢順 攝影）

募，學童家長每個月只要繳交幾百塊的餐點費用，就能讓自己的小孩得到妥善的照顧。而後隨著網際網路普及，小丁神父擔心部落內青少年沉迷網咖誤交朋友，便在天主堂內設立電腦教室提供民眾免費使用，直到原有電腦設備老舊不堪，加上與天主堂一河之隔的桃山國小承接教育部「數位機會中心」計畫，有專人管理並教導正確使用電腦觀念，小丁神父才將原本的電腦教室關閉。

位於天主堂下方，清泉部落入口處原本有個「友愛儲蓄互助社」，部落居民多半將存款拿來認購互助社的股金。對相對缺乏理財觀念，收入也相對較少的族人來說，任何的急難事故都可能輕易毀掉一個家庭，這種時候，部分村民會選擇向村子裡的互助社請求借貸服務，暫時解決財務上的燃眉之急。但在多年前，互助社公款遭人私自挪用，五百多萬元的股金從此下落不明，互助社因此宣告倒閉。二〇〇四年艾利颱風來襲，大量雨水夾帶土石由高處傾瀉而下，原本互助社的屋舍不堪襲擊而毀損廢棄，好多年過去都無人聞問。

常經過殘破屋舍外出服務的小丁神父認為那塊地是清泉部落的門面，捨不得互助社就這樣廢棄，決心重新修繕成部落青年活動中心。獲得原本地主的同意後，小丁神父親自帶領部落青年清除屋裡垃圾和土石，之後又有善心建築師免費設計重建工程。

龐大的重建費用只能依靠募款而來，為了募足款項，小丁神父把他多年創作累積，視為自己孩子的油畫和彩繪玻璃，以及受贈的紀念品等，連他穿過的衣服，只要質料稍微好一點的，都陸續拿出來義賣。

修繕工程花去三百多萬元，剩下的錢，先是償還互助社積欠會員的股金，再來則是協助

在台灣服務的日子裡，小丁神父平常就靠賣書賺來的稿費，以及經營清泉山莊的微薄收入支付生活所需。
（王漢順 攝影）

還清會員在互助社的借貸紀錄。這次募款所得，不僅僅有天主堂的教友受惠。在這之前，幾乎沒有人敢奢望，原本憑空消失的財產，有一天能再度回到自己手中。小丁神父不僅修復殘破的屋舍，也填補了部落內眾多因經濟問題而破碎的家庭。

在台灣這片土地服務的日子裡，小丁神父平常就靠賣書賺來的稿費，以及經營清泉山莊的微薄收入支付生活所需，他堅持一切的難題都要靠天主賞賜給自己的力量解決，那是從小母親就教會他的事情。

在美國生產，台灣加工製造

二十四歲至今，丁神父兄弟在台灣早已超過四十個年頭，兩人在各自的領域使盡全力付出，沒有絲毫保留。兄弟倆總是喜歡開玩笑地說自己是在美國生產，台灣加工製造。

熱情活躍的大丁奉獻自己給大眾傳播產業，歌唱、演戲、主持樣樣都難不倒他，因為曾經在電視節目上主持美語教學節目，觀眾習慣稱呼他傑瑞叔叔或Uncle Jerry。為了改善台灣的媒體環境，製作更多優質的電視節目，大丁神父幾乎跑遍西歐與北美各國進行募款。擔任社長時期，帶領光啟社邁進黃金時期，在有線電視尚未進入台灣之前，老三台都能見到光啟社製作的社教、兒童節目，以及深具教化意義的連續劇，代表作有《婆婆媽媽》、《爆米花》、《尖端》、《新武器大觀》、《舊情綿綿》和《阿梅的故鄉》……等，經歷過八〇年代的台灣民眾，幾乎都看過大丁神父製播的電視節目。

大丁這個「不像神父的神父」，奉獻自己給大眾傳播產業，歌唱、演戲、主持樣樣都難不倒他，因曾主持美語教學節目，觀眾習慣稱呼他傑瑞叔叔或Uncle Jerry。經歷過八〇年代的台灣民眾，幾乎都看過大丁神父製播的電視節目。（上：丁松筠 提供；下：王漢順 攝影）

個性沉穩內斂的小丁則像個隱士一般，投注大量心力關心原住民部落之餘，不忘寄情於山水、繪畫與寫作上，作品揉合西方技法與台灣原住民文化的藝術呈現，彷彿就是郎世寧的現代化身。

大丁曾經因為自己從事的工作內容與傳統印象中的神父大不相同，自我解嘲是位「不像神父的神父」，但在小丁的眼中，大丁以無遠弗屆的方式，將天主的愛傳播出去，讓人群能夠彼此關懷，傳遞心中的溫暖，影響力比駐守單一教區還大。如果可以，小丁巴不得自己能多像哥哥一點，有寬闊的視野，蘊積廣袤的智慧，在能力所及，服務更多需要幫助的人群。

同時，大丁也羨慕小丁的工作，不需要面對冰冷的收視率數字變化，可以直接面對群眾，從對方的臉上表情，解讀自己的工作表現如何，並且在對方有需要的時候，給予最直接的協助。當大丁到清泉度假休息時，每每都能從當地居民的動作與眉目表情上，得知弟弟不僅善盡職責，還深獲愛戴。

從小時候為弟弟說故事開始，大丁一直在扮演著使人快樂的角色，小丁則是不斷在尋找快樂的方法，最後他從哥哥的身上發現，只有在讓別人快樂時，自己才會跟著得到快樂。

儘管兩兄弟的個性和事業成就大不相同，他們都成功詮釋了工人教士的社會角色。透過螢光幕，透過藝術作品，透過日常生活點滴，丁神父兄弟引領著清泉在人心之間不停流動。

儘管兩兄弟的個性和事業成就大不相同，他們都成功詮釋了工人教士的社會角色（上）；而母親的支持，更讓他們無後顧之憂。（丁松青提供）

歡愉和愛在空氣中傳播。

5

來自美國的教育家

彭蒙惠

走過五十一個寒暑，《空中英語教室》系列早已成了台灣最暢銷的雜誌，學員人數超過數百萬人。一切的緣起，竟來自於一個二十多歲的年輕女孩想在佛教國家做福音傳播的起心動念。

◎陳啟民

（救世傳播協會 提供→）

人物小傳

彭蒙惠（Doris Brougham，一九二六年～），出生於美國華盛頓州西雅圖，是一位奉獻台灣的基督教宣教士及教育家。彭蒙惠十二歲時，立志要向華人地區傳播福音。一九四八年，彭蒙惠抵達中國上海，後來因中國內戰而到香港。一九五一年來到台灣。一九六〇年四月，彭蒙惠與李恩祺夫婦（Leland & Dorothy Haggerty）及唐主謙牧師夫婦共同在台北市中山北路二段創辦中華救世廣播團（Overseas Radio Inc.），也就是今日的救世傳播協會（ORTV, Overseas Radio & Television Inc.）的前身。一九六二年，彭蒙惠創辦英語教學雜誌《空中英語文摘》，並且開始了廣播英語教學。《空中英語文摘》歷經多年的改版、編輯，演化為《空中英語教室》（*Studio Classroom*）；後來又發行了《大家說英語》（*Let's Talk in English*）與《彭蒙惠英語》（*Advanced*）。由於對台灣英語教育的貢獻，一九九六年，彭蒙惠榮獲台北市榮譽市民獎。二〇〇二年，獲總統頒贈「紫色大綬景星勳章」，並成為首批獲得中華民國外僑永久居留證的外國人。二〇一〇年三月二十日，彭蒙惠獲得周大觀文教基金會頒贈第十三屆「全球熱愛生命獎章」。

（救世傳播協會 提供↑→）

高舉手與上帝立下誓約的女孩

一九三〇年代，美國對世界宣教充滿熱情與承擔的時代，在西雅圖經常為年輕人舉辦大型的聯合聚會，邀請各地的講員，分享上帝國度的需要，鼓勵年輕人獻上自己，把福音帶給從未聽聞的族群。那一次，應邀的是長期在中國佈道傳福音的計志文牧師，分享在那遙遠的國度所發生的種種有趣以及見證神蹟的故事，當中包含了一對美籍宣教士犧牲殉道的事蹟，台下認真聽講的青少年深受感動與激勵。計志文牧師的分享會結束前，開口詢問在場的青年學子：

「有沒有人願意到那遙遠又充滿了神祕的國度，去幫助正處於水深火熱之中的上帝子民？」

群眾之中，一個十二歲的金髮女孩桃樂絲很快地舉高了她的手：「我願意。」大人們對女孩的舉動只是莞爾一笑，紛紛利用休息時間過來拍拍她的頭，似乎沒人把這件事情當真。

女孩卻一點都不把這件事情當作玩笑，透過協同會的幫助，她在一九四八年的上海登岸，並且有了個中國味十足的名字彭蒙惠，那年她才二十二歲，正值青春年華。但因為國共戰爭的關係，在中國的生活幾乎都在逃難中度過。短短一年的時間，彭蒙惠先從上海到安慶的華語學校就讀，課程還沒結束，就因為戰火而從安慶再回到上海，原本打算到香港避難，卻苦等不到飛往香港的班機，只好先到重慶去。沒在四川待太久，共產黨的砲火很快又在天際響起，夥伴開車載著協同會的宣教士們沿著蜿蜒崎嶇的山路到達蘭州。這一路雲月相伴，奔走距離豈止八千里路，彭蒙惠卻不曾後悔到中國的決定。

即便戰火再怎麼無情，她都要咬著牙堅持完成自己的宣教使命。當年舉高高的手是彭蒙惠與上帝之間的約定，神透過《聖經．詩篇》第二篇告訴她：

> 你求告我，我就將列國賜你為基業，將地極賜你為田產。

在中國大陸的這段時間，彭蒙惠加入護理傷患的行列，有些傷患在彭蒙惠的細心照護下順利康復；有些雖然康復，但四肢不再健全；有些還來不及康復，就在彭蒙惠的懷裡斷了氣。彭蒙惠每天睜開眼起床就要面對生和死的人生哲學，她知道一切都掌握在上帝的手上，所以她不害怕，並在忙碌的工作之餘，持續努力學習華語和宣傳福音。

共產黨軍隊持續逼近蘭州，彭蒙惠和宣教士們在砲火中搭上前往香港的專機，才剛起飛，滑行跑道就在共產黨的砲火炸射下陷入一片火海。

在香港與九龍交界處的難民營落腳後，彭蒙惠日常的主要工作是教導英文《聖經》和難民的孩子主日學。在香港一年多，除了難民營的工作，彭蒙惠也成為香港交響樂團唯一美國籍且為女性的團員。自從十七歲那年放棄紐約伊斯特曼音樂學院（Eastman School of Music）的全額獎學金，選擇兌現與上帝的約定而進入辛普森聖經學院（Simpson Bible Institute）就讀以來，看似放棄了音樂的彭蒙惠，上帝卻一直給她音樂的舞台。

一九四九年，中華人民共和國成立，共產黨準備接收香港的傳聞在街頭巷弄四處流竄。

起初，協同會謹慎叮嚀宣教士們，出門時務必隨身帶著金錢和護照，以備隨時都能夠到機場。隨著香港的緊張情勢日漸加溫，協同會決定將亞洲總部遷往日本，在香港的宣教士可以自由選擇到日本或是其他地方去。

年輕的宣教士有些決定遠離戰火轉往東南亞發展，有些跟著協同會到日本去，彭蒙惠卻放不下與上帝的約定。有人告訴彭蒙惠，國民黨的政府和軍隊離開中國大陸後，轉往一海之隔的「福爾摩沙」企圖整頓再起。

「就去福爾摩沙吧，那邊還沒有協同會的據點，而且自由地區的華人都在那裡，上帝一定會很高興我到福爾摩沙去的！」

彭蒙惠將她的想法告訴協同會的宣教士，剛好聶輔導牧師夫婦（Fred & Blanche Nelson）也要到福爾摩沙，他們決定過了聖誕節便啟程離開香港。

離開香港的日子只剩幾天，彭蒙惠正在準備行李，前幾次匆忙逃難，身邊的物品來不及收，或者不方便帶的，幾乎全部丟掉了，只剩下心愛的小喇叭與幾件簡單的衣物，這次總算有時間能從容收拾自己的東西。

「碰！碰！碰！……」門外傳來急促的敲門聲。

「桃樂絲……妳的媽媽派來了一封電報，妳趕快讀一下。」

到中國後，彭蒙惠與父母的書信往來雖然曠日費時，卻從未停止，但家中派電報來倒是第一次，這讓彭蒙惠心中感到一絲絲的不安。

電報紙上寫著簡單的幾個字：「父逝，聖誕前。」

彭蒙惠的父親身體一向健壯，連感冒都少有，聖誕節前整理家中的地下室時，因為在通風不良的環境下使用噴漆，不幸吸入太多有毒氣體而昏迷，送到醫院緊急搶救一個禮拜後去世。

父親突如其來過世的消息，衝擊著初為宣教士彭蒙惠的心。小時候，一家十口的經濟重擔都由父親一肩扛起，彭蒙惠在八個孩子裡排行第六，父親給予每個孩子相同分量的愛。經濟大蕭條時期，即使家中生活不算寬裕，父親依然把客戶質當的薩克斯風送給她當禮物，身為父親，他很明白彭蒙惠對音樂的愛好。

「爸爸，您怎麼會這樣就走了……」

轉身看看已經整理得差不多的行李，彭蒙惠遲疑了，她不知道該回家探望與她同樣傷心的家人，還是按照計畫前往福爾摩沙。當初申請到海外宣教的條件是必須待滿至少七年才能返國，如果在這個時間點回美國，那麼她的海外宣教士生活會就此結束，和上帝之間的約定將無法兌現。

但她又好想回去美國，陪在媽媽身邊，撫慰母親的喪夫之痛。不知所措的彭蒙惠給母親打了一通電話：「要我回家來陪您嗎？」電話另一頭的母親，雖然忍不住哭泣，卻做了這樣的回應：「不需要為我回來，上帝已經呼召了妳，妳就放心地去福爾摩沙吧。」

前往神祕偏遠的後山

運輸船在基隆港靠岸，彭蒙惠先跟著聶牧師夫婦前往台北市中山北路幫忙照顧瘋病患，之後有其他宣教士從各地抵達台北。宣教士們陸續選擇或者被指派到各地去繼續進行福音的傳播工作，彭蒙惠也積極思考自己該在哪個地方落腳。

打開番薯模樣的福爾摩沙地圖，靠近台灣海峽那側因為交通便利，協同會的據點陸續成立，唯獨隔著中央山脈的太平洋左岸，地圖上只有幾個散落的地名，其餘一片空白。

在「花蓮」兩個小字上畫了一個大圈，彭蒙惠要去那個充滿神祕的偏遠地方，她的決定獲得監護人聶牧師夫婦支持，離開香港後，三人再度結伴同行前往葡萄牙人最先發現福爾摩沙的地方。

一九五一年的農曆春節過後，彭蒙惠來到後山花蓮，一開始先到玉山神學院擔任音樂老師，並且以她先前帶領兒童、青少年聚會的經驗，負責訓練主日學老師。此外，協同會在這裡成立一個小的教會，她也在附近先後開辦了九個主日學，並且編輯了台灣第一本兒童讚美詩歌本。

彭蒙惠以每個月兩塊錢的費用在美崙山腳下租了一棟日式的老舊平房，從她房間的窗戶看出去就是一望無際的太平洋。西雅圖老家也靠海，就在眼前這片大洋的另外一邊，彭蒙惠在左岸，母親和其他兄弟姊妹在右岸。

父親去世之後，彭蒙惠對雙親的牽掛，只剩下了母親一人。從小跟母親感情深厚，母親

那個高舉著手，與上帝立下誓約的小女孩，放不下與上帝的約定，即使遭遇戰火，依然堅持完成宣教使命。
（救世傳播協會 提供）

的仁慈、風趣、對上帝信靠的榜樣，經常出現在她的腦海，也成為她孤單的時候，心中一股無形支持的力量。那一天，她接到了這一封來自美國的電報：

「母突逝於糖尿病！」

彭蒙惠已經不知道該如何面對自己的悲傷情緒，她知道這一切都是上帝的安排，但在短短一年不到的時間內，父母陸續離開人世，如此的打擊要誰都無法承受。她選擇暫時離開人群，一個人走到熟悉的海邊，止不住滑落的眼淚，她遙望著太平洋彼岸的家鄉，做了這樣的禱告：

「慈愛的天父，請幫助我，給我力量，讓我從悲傷中勇敢站起來。父母都走了，從今以後，幫助我全心全力為祢奉獻，把福音傳給祢所愛這地的百姓。」

接連而來的試煉讓彭蒙惠對生命的價值和意義有了更進一步的認識，她將自己的心力全數投入在宣教工作上。為了更貼近神學院內的原住民學生家庭，在那個充斥緊張氣氛的戒嚴時代，彭蒙惠不惜排除萬難，申請到一張合法的入山許可證，深入玉里山區部落為原住民服務。

肺病是當時最讓人聞之色變的傳染病，衛生條件不好的山區，肺病的傳播情況相形嚴重，尤其山中水源獲得不易，餐具、衣物與寢具等個人衛生用品不易徹底清潔，經常是餐具輪流使用，或是病人去世後，用過的寢具再交給其他人，這些都助長了傳染病的肆虐。

改善衛生環境是彭蒙惠的首要工作，她當然也會擔心自己被傳染，但又不希望原住民朋友誤會她歧視或排斥他們，每次到部落服務，彭蒙惠都和他們住在一起，吃原住民傳統風味食物，與他們共用餐具，睡他們的床，蓋他們的棉被。上帝保佑，彭蒙惠並沒有因此感染上什麼嚴重的疾病。她與生俱來的親和力，以及對山區部落無私奉獻，充分獲得原住民朋友的認同，給她取了一個族語名字——利百加，意思是盛開於山谷的百合花。

在部落服務的這段時間，彭蒙惠的華語有長足的進步，也學會了一點太魯閣、泰雅、布農、阿美等族語，她喜歡主動用族語跟小朋友打招呼，但彭蒙惠怪異的腔調卻經常惹笑部落裡的老人家，她總是這樣跟大家說：

「我本來就不會呀，說不好是正常的，多說幾次就好了嘛！」

這幾句話是彭蒙惠畢生對語言學習所抱持的不變態度。

用廣播傳福音

某個夏夜，結束例行性的居家拜訪後，疲憊感上身的彭蒙惠堅持不急著返回租屋處休息，她喜歡居家附近的小旅行，每趟出門都盡量走不同的路來回，沿途景物的變化總能帶給她滿滿的驚喜，回家的旅程中，她能暫時放下肩膀上的使命，讓各種不同的想法在腦海中激盪。

彭蒙惠很喜歡花蓮宣教的生活，卻總是覺得一個人單槍匹馬在外奔走的效率不高，即便有團隊組織，力量依然有限，必須要有所突破才行。

當晚風徐徐吹撫著她的臉龐，彭蒙惠感覺到上帝似乎有些什麼話想對她說。抬頭望望星空，羅列的星斗吸引了彭蒙惠的全副注意力，直到耳際傳來一陣細微的雜聲，她才回過神來。

那是廣播電台放送的聲音，鄰近的雜貨店還沒打烊，門口有幾位老人家，圍在收音機前聽電台播送廖添丁的故事。

早在中學時期，彭蒙惠就曾經在廣播節目中演奏小喇叭，那時候的她就知道廣播可以在短短一天的時間裡面，影響遠遠超過一個人一生所能接觸到的人數。

雖然彭蒙惠的心裡覺得廣播是一個很好傳福音的管道，但是，這個想法沒有人看好。在一個佛教國家做福音廣播，豈不是天方夜譚？何況當時她語言溝通都還有問題，二十多歲的年輕女孩，能做什麼呢？她向上帝禱告：主啊！祢一定要派人來做這個工作！沒想到幽默的上帝當時立刻回答她：那妳為什麼不做呢？

「原來，上帝是要我做?!」跌破眼鏡的使命當前，彭蒙惠起來勇敢面對。了解了要在花蓮做節目的決定權是在台北，她寫了一封信給中國廣播公司的負責人董顯光先生，說明她的來歷以及利用廣播傳福音的想法，中廣方面如果有任何條件，彭蒙惠都可以考慮。

好消息很快傳來。

「……我可以請中廣花蓮台每週免費播放妳的節目一次，每次三十分鐘，相關事宜請直接和花蓮台方面聯繫。……」

彭蒙惠萬萬沒想到整件事情居然進行得那麼順利，她立刻找了幾個志同道合的好朋友共同設計節目內容，唱聖歌、講《聖經》故事，以及彭蒙惠的小喇叭演奏等，全部排進節目

來到後山花蓮的彭蒙惠，以她先前帶領兒童、青少年聚會的經驗，負責訓練主日學老師（上）。（救世傳播協會 提供）

在一個佛教國家，做福音廣播，為了讓節目內容更加豐富多元，彭蒙惠每次都會找不同的朋友來參加錄音工作，有些朋友甚至遠從台北不辭辛勞前來花蓮幫忙（下）。（救世傳播協會 提供）

單內，這才發現三十分鐘的時間根本不夠用。

節目正式上線，每週只要到了播送時間，彭蒙惠都會騎著腳踏車到街上逛，觀察哪戶人家正在收聽她的節目，和她一起感受天父的慈愛。

當有次街上的一位婦人將騎車路過的彭蒙惠攔下，問她：「哪裡可以買到 *Bible*（《聖經》）？」

彭蒙惠知道，她的想法已經獲得初步的成功。

每個星期天下午，忙完主日之後就是彭蒙惠的錄音時間，為了讓節目內容更加豐富多元，彭蒙惠每次都會找不同的朋友來參加錄音工作，有些朋友甚至遠從台北不辭辛勞前來花蓮幫忙。節目順利播出的背後，有些問題隨之而來。

狹長的地形加上中央山脈的阻隔，造成花蓮市區的聯外交通十分不便，每次到了約定的錄音時間，被邀請的來賓因故不能準時，她就必須在節目中吹奏小喇叭拖延時間，一首接著一首，一直等到來賓出現，才終於鬆一口氣。

交通的考驗成了彭蒙惠宣教事業的轉變契機，為了避免節目再度開天窗，當時每個月只有一百二十塊美金生活補貼的她，以一百塊錢美金買了一台 Pentron 牌錄音機，並且把住所改裝成簡易錄音室，從此她不用擔心錄音時會有人遲到，也有更充分的時間把節目品質做到最滿意的程度。節目預先錄好之後，彭蒙惠再騎著腳踏車爬到位於美崙山半山腰的中廣花蓮台，把錄音帶交給工程人員播送到花蓮各角落。

成立救世傳播協會

遠東廣播公司聽說彭蒙惠在花蓮製作福音節目，便與她連絡，希望她幫忙規劃一個兒童節目。彭蒙惠主日學裡的兒童詩班，就成了節目播音主角最佳人選。

教學、廣播、部落服務等工作豐富了宣教的生活，能為眾人服務，即使再怎麼辛苦，彭蒙惠都覺得滋味甘甜。隨著工作不斷地擴增，所屬差會的公文往返相當費時，無法因應實際需求，經過多次的協商，感覺突破和改變的勢在必行，彭蒙惠和一群有志福音廣播的同仁，做了一個痛苦的決定，就是自組一個新的機構，繼續上帝所託付的使命。一九五八年，彭蒙惠帶著錄音器材將據點遷移到南來北往都方便的台中。一九六〇年因意識到電視將會是未來主力的傳播媒體，據點再度遷移到台北，正式成立了「救世傳播協會」——一個藉著大眾傳播向華人宣揚基督福音的機構。為了籌措經費，彭蒙惠兩度回到美國募款，向家鄉父老報告她在海外的工作進展以及遇到的瓶頸，高中時期和彭蒙惠一起吹小喇叭的李恩祺聽了她的故事大受感動，決定放棄在政府部門的土木工程工作，帶著太太與四個小孩到福爾摩沙幫助彭蒙惠推展廣播事業。

在台北，做節目的機會比以前多更多，形式也更多元。一九六二年，「救世之音」節目開播，原本是每天八小時的節目，隔年激增到一天十八小時，並且同時使用華語、台語、粵語及英語四聲齊播。

「空中英語教室」上空中和雲端

同樣在一九六二年，教育部委託復興電台製作一個具代表性的英語教學節目，廣播經驗豐富的美國人彭蒙惠成為優先指定的合作對象。

八月一日，「空中英語教室」（Studio Classroom）正式上線，節目內容擺脫過去同類型節目給人呆板無趣的刻板印象，彭蒙惠親自從一些美國著名的雜誌上摘錄適合的文章，稍加整理後，以講解、聊天以及戲劇的方式，和聽眾一起分享，再從中針對特定單字、詞語和文法進行深入解析，聽眾不只能學習英語的用法，也能同時吸收到新的觀念。

「空中英語教室」播出後廣受好評，許多聽眾紛紛寫信到電台，希望索取播出內容的教材，方便收聽時一邊對照。於是《空中英語文摘》正式對外發行，剛開始每期內容只有一紙雙頁，黑白印刷沒有封面，酌收費用新台幣一元。

隨著教學的多元化，刊物的出版內容更加充實，到了一九七四年《空中英語教室》轉型為搭配廣播教學的雜誌，並在一九七七年進入彩色印刷時代。

一九八一年，《空中英語教室》雜誌分離出一本《大家說英語》，成為《空中英語教室》雜誌系列的「初級版」，並相應推出廣播節目，內容著重在日常生活對話。一九八五年，天韻影視中心成立，空中英語教室正式進軍電視頻道，一九九二年雜誌也同步在中國大陸開始發行，這是台灣雜誌首次進軍大陸的紀錄。到了二〇〇〇年，《空中英語教室》雜誌再次分離出一本以專業英語為主要內容的《*Advanced* 彭蒙惠英語》雜誌，成為《空中英語

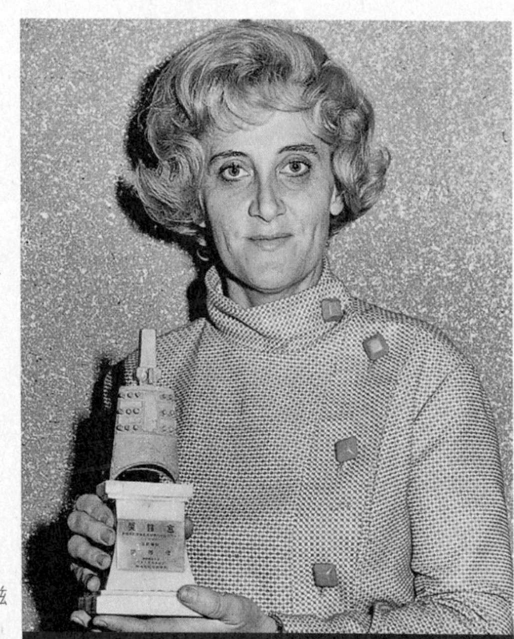

教學、廣播、部落服務等工作豐富了宣教的生活，能為眾人服務，即使再怎麼辛苦，彭蒙惠都覺得滋味甘甜。（救世傳播協會 提供）

教室》雜誌系列的「高級版」，主要目的是希望讀者可以透過雜誌跟世界無縫接軌。程度介於《大家說英語》和《*Advanced* 彭蒙惠英語》之間的《空中英語教室》，重點則是讓讀者開闊視野，建立美好的價值觀。

《空中英語教室》系列雜誌雖然是英語學習教材，但新穎多元的素材主題，卻是最為人津津樂道的地方，內容從醫療、旅遊、人文、科技等包羅萬象，彭蒙惠希望讀者可以透過英語學習的管道，進而認識這個世界，打開《空中英語教室》就像打開一扇通往全世界的窗口。只要文章的內容富有教育性、啟發性，且同時具備提升視野，能帶給讀者積極正面的激發動力，都會是彭蒙惠圈選題材的重要參考。

為了豐富雜誌的內容，廣泛閱讀國外的報紙與雜誌是基礎功夫，眼見數位時代以不可逆的姿態來臨，彭蒙惠五十多歲開始學習使用電腦，嘗試從網路上獲得更多新奇有趣的題材以提高讀者的學習樂趣。

彭蒙惠在雜誌社內年紀最大，近年走路速度漸緩，但對於生活科技的應用卻是跑在最前面，同事因此戲稱她是負責社務工作運轉的引擎，而且是最強力的搜尋引擎。彭蒙惠亦步亦趨地設法讓雜誌的內容與最新的生活科技結合。從早期的廣播與電視開始，時至今日，無論從閱聽人社群網站、通訊軟體以及APP應用程式等數位媒介，都能夠輕鬆獲得《空中英語教室》的教學內容，隨時隨地都有機會學習，沒有時間地點限制，不再需要死守著收音機或電視。彭蒙惠醉心於數位科技與出版事業的緊密結合，讓她多次獲得數位出版金鼎獎的肯定。

彭蒙惠希望讀者可以透過英語學習的管道，進而認識這個世界，打開《空中英語教室》就像打開一扇通往全世界的窗口。（救世傳播協會 提供）

與台灣社會做一輩子的好朋友

已退休的前警政署長顏世錫一直是彭蒙惠的忠實學員，每天清早起床第一件事情就是打開警察廣播電台收聽《空中英語教室》，即使在嚴冬的早晨，只要當天有播《空中英語教室》，顏世錫都堅持要離開溫暖的被窩，打開收音機準時上課。不僅僅是顏世錫，警政署歷任署長多半都是《空中英語教室》的忠實學員，三級棒球時代，某次警廣調整節目內容，將原本《空中英語教室》的時段改轉播少棒比賽，還因此遭到當時的署長電話關切。

介紹全世界給讀者認識之餘，彭蒙惠也將台灣介紹給全世界，由她所創辦的「天韻合唱團」經常受邀出國演唱，音樂宣教之外，所到之處，也經常將中華的文化、民謠帶給各國的朋友，彭蒙惠扮演外交使節的角色，同樣不遺餘力。

台灣退出聯合國時，彭蒙惠正帶領合唱團在歐洲巡迴表演，她不顧眾人眼光，利用休息的時間，高舉著青天白日滿地紅國旗，走入倫敦街頭的抗議人群，示威隊伍中，就她一個金頭髮藍眼睛。

某個宴會場合，一名年輕人主動走到彭蒙惠的面前，以充滿著感激的語氣對她說：「我的媽媽一直是《空中英語教室》的忠實聽眾，但因為癌症的關係在前些日子離我們遠去了。媽媽過世之後，爸爸一直很難過，某天早上，他一反常態，打開電台收聽您的節目，現在，他也成了您的忠實學員。收聽《空中英語教室》的過程中，父親不僅僅撫慰了他的

彭蒙惠對音樂的愛好，讓她創辦了「天韻合唱團」，除了經常出國演唱、音樂宣教之外，所到之處，也將中華的文化、民謠帶給各國的朋友。（救世傳播協會 提供）

喪妻之痛，更從節目當中獲得了人生的喜樂。」

對於《空中英語教室》系列雜誌，彭蒙惠有著這樣的期許：

「我相信身教，也就是身體力行自己所教的理念。我們不只是教英語，更是教導生命的價值。我們必須享受、欣賞這個世界和我們所擁有的一切。」

走過五十一個寒暑，《空中英語教室》系列早已成了台灣最暢銷的雜誌，學員人數超過數百萬人。

「從事英語的教學工作並非我的初衷，但透過《空中英語教室》，我可以幫助很多需要學習英語的人，所以我很快樂。即使自己的年歲不小，台灣社會有任何需要，只要自己能幫上忙，絕對全力以赴。」

她喜歡鼓勵周遭的朋友多多關心彼此，適時伸出援手給有需要的人。

「We don't need to be big, but we need to be good.（我們不需要使自己壯大，但我們必須讓自己良善。）」

在華人地區奉獻超過六十年，一路見證了台灣從農業社會轉型到目前的工商服務業的過程，彭蒙惠卻依然是那個在佈道會上高舉著手與上帝立下誓約的小女孩，保持著最純真的童心，要與台灣社會做一輩子的好朋友。

彭蒙惠與生俱來的親和力，以及對山區部落無私奉獻，充分獲得原住民朋友的認同，給她取了一個族語名字——利百加，意思是盛開於山谷的百合花。（救世傳播協會 提供）

唯有伸出手，接近別人，
冒險相信別人、接納別人，
我們才能成為一個真正的人。
——利奧・巴士卡力《愛・生活與學習》

（王漢順 攝影）

天使曾經來過人間

6

來自美國的「天使媽媽」倪安寧

○謝其濬

「讓未來的台灣，不再有無法說話的聽損兒。」因為她，超過三千個聽損的孩子，從無聲走向有聲，人生從此大不相同。

（雅文基金會 提供→）

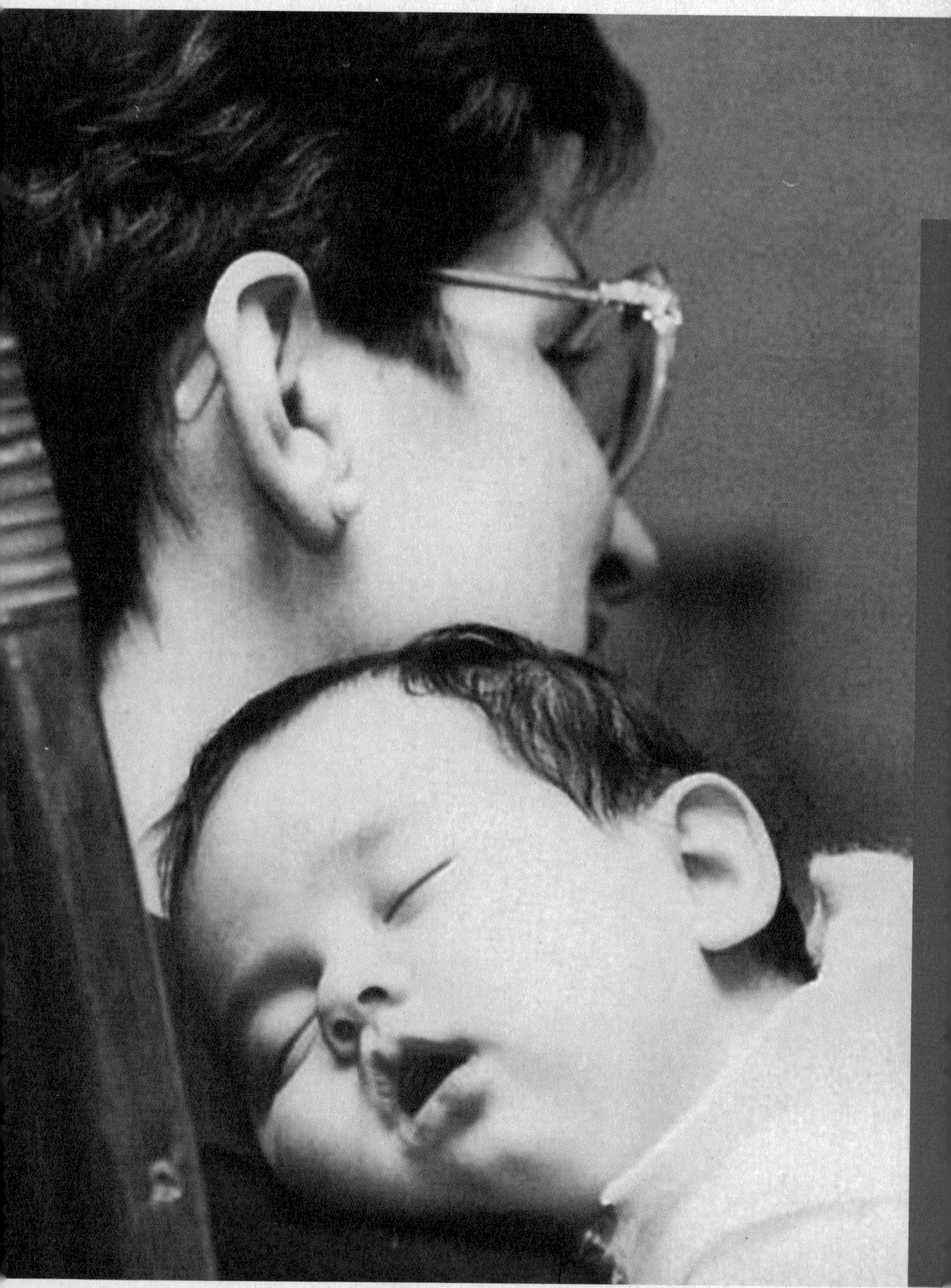

人物小傳

喬安娜（Joanna Nichols，一九五四年～二〇〇一年），中文名字為倪安寧，出生於加州漢邁城（Hemet），從小就展現相當的語言天分，因為熱愛旅行及學習語言，學生時代就在許多國家遊學過。一九七八年，為了學習中文和針灸，二十四歲的喬安娜來到台灣，結識從事貿易工作的鄭欽明，相戀後嫁為台灣媳婦，婚後兩人攜手創業，成立了以嬰兒車代工為主要業務的明門實業。喬安娜和鄭欽明育有二女，小女兒雅文是先天的極重度聽損，為了讓雅文開口說話，喬安娜遍訪名醫，後來自國外引進了「聽覺口語」訓練，由於在雅文身上看到了效果，她便立下宏願：「二十年後讓台灣沒有無法說話的聽損兒。」在一九九六年，成立了「雅文兒童聽語文教基金會」，幫助許多聽損兒學習聽與說，讓許多聽損兒家庭因此受惠。二〇〇一年，喬安娜因癌症病逝，享年四十七歲，辭世前還曾捐贈了兩輛子宮頸抹片檢查巡迴車給台灣癌症基金會。

（王漢順 攝影↑；雅文基金會 提供→）

每個星期三的午後，翔翔阿媽就會帶著孫子來到「雅文基金會」上課。男孩模樣清秀乖巧，看起來跟一般的孩子沒什麼兩樣，唯一的差別，是他耳朵上掛著一副人工電子耳。

阿媽有兩個兒子，老大是先天性聽損，當年療育資源不發達，他只能靠學習手語與外界溝通，終其一生，無法說話，是阿媽人生中最大的憾事。

因此，當她獲知第三代也是聽損兒，當場就痛哭失聲。

難道，這個孩子也走不出跟他父親一樣的宿命嗎？

來到「雅文」上課半年後，孫子已經能夠開口叫她「阿媽」，只是簡單的兩個音，便已經讓她熱淚盈眶。

「我這乖孫，以後一定會出人頭地的。」阿媽心中充滿了希望。

初次造訪雅文，阿媽曾經注意到，某個房間並沒有人使用，而房間內擺了一張照片，上面是一位非常美麗、笑容和藹可親的外國女士。

「那是我們基金會的創辦人，喬安娜！」工作人員告訴阿媽。

在阿媽眼中，這位看起來宛如天使的外國女士，改變了愛孫的命運。

事實上，因為她，全台灣已經超過三千個聽損的孩子，從無聲走向有聲，人生從此大不相同。

一九七八年十二月。

喬安娜攜帶著簡單的行李，來到了台灣。那一年，她二十四歲。

對於熱愛旅行、曾經遍遊世界的喬安娜來說，台灣原本只應該是旅途中暫時落腳的一站，當時的她絕對沒有想到，台灣，竟成為她生命裡的第二個故鄉。

一九五四年出生於加州漢邁城的喬安娜，在非常靠近迪士尼樂園的加州橘郡和奧瑞岡州長大。由於父母都對旅行有著高度的熱情，受到他們的影響，喬安娜也對世界充滿了探索的興趣，加上語言天分高，從大學開始，她就經常到海外遊學或參加學校的跨國交換學生計畫，除了增長見聞，也利用機會學習新的外語。

大學畢業時，喬安娜除了母語外，還能說西班牙語、法語、義大利語、葡萄牙語等國語言。

當然，對於世界上使用人數最多的中文，喬安娜也非常感興趣。大三時，她就跟台灣來的老師學中文，對台灣已有印象。大學畢業後，因為有心學好中文，同時也想涉獵針灸，便選擇來到台灣，從此與這塊土地結下不解之緣。

當台灣仔遇到美國女孩

在台灣，喬安娜的中文進步神速，不但說得一口標準的國語，聽覺敏銳的她，甚至還能分辨出不同的中文腔調，各省腔調也可以朗朗上口。當時的她，除了學中文，為了維持生計，便在台北一家紡織品進出口商擔任業務工作，負責新成立的國際貿易部門，因為工作的關係，她向製造嬰兒產品的鄭欽明買了四個貨櫃的產品，一段異國戀情就此滋生。

鄭欽明與喬安娜，一個是土生土長的台灣仔，一個是周遊列國的美國女孩，前者內斂、冷靜，後者熱情、感性，個性迥異的兩個人，竟然能夠互相欣賞，繼而擦出火花，只能說愛情來了，擋也擋不住。

其實，喬安娜曾經很鐵齒地強調，自己絕不嫁給台灣男人。她雖然熱愛中國文化，卻對於女性必須三從四德的傳統思維不以為然，並刻板地認為台灣男性應該都會有大男人主義，但與鄭欽明交往後，卻發現他是個能夠尊重女性、給另一半自我空間的男人，最後決定放下堅持，嫁為台灣媳婦。

不過，當初鄭欽明的母親很反對兒子跟外國女性交往，因此，他第一次帶喬安娜回家時，還得找理由，說她是他的西班牙語老師。不過，哪裡瞞得住眼光銳利的老人家，她私下跟喬安娜說：「妳可不要打我兒子的主意。」

然而，幾次相處下來，鄭欽明的母親發現這外國來的女孩很懂事貼心，甚至願意認真學台語，她對這位未來的媳婦也就愈看愈中意。

在鄭欽明眼中，喬安娜不但語言能力一流、工作態度認真、生活簡單樸實，而且心地非常善良，她的世界中，幾乎沒有壞人，也不存在一絲烏雲。甚至因為喜愛動物及不忍殺生，全家自小就茹素。

有一次，喬安娜回家後，臉上有著藏不住的微笑。鄭欽明問了事由，原來是她開車

鄭欽明與喬安娜，一個是土生土長的台灣仔，一個是周遊列國的美國女孩，前者內斂、冷靜，後者熱情、感性，個性迥異的兩個人，竟然能夠互相欣賞，繼而擦出火花，只能說愛情來了，擋也擋不住。（雅文基金會 提供）

時，跟計程車司機發生了小小的擦撞，明明是對方的錯，結果卻是喬安娜賠償八百塊。在討價還價中，調皮的喬安娜還假裝不懂中文，對方只好用結結巴巴的英文議價，對方要求一千五百元的噴漆費，她把價格殺到八百元，還學會說「噴漆」的台語，讓她感到非常有趣。

這一起破財的烏龍事件，喬安娜的反應竟是如此開心，笑得像是個天真的小女孩呢。

婚前，喬安娜曾經為了要回澳洲探親（當時，她的雙親都移民到澳洲了），很不好意思地向鄭欽明借錢，他爽快答應。後來，夫妻間經常拿這件事開玩笑，「為了還債，她只好以身相許，嫁給我了。」

婚後，鄭欽明決定自行創業，幫國外廠商代工製造嬰兒車，當時的他，是典型的「校長兼撞鐘」，公司的大小事都得一手包辦。喬安娜白天在另一家貿易公司上班，晚上回家則幫忙打商業書信，開發全球的客源。兩人胼手胝足的身影，是許多台灣創業夫妻檔的寫照。因為有喬安娜這位賢內助，鄭欽明拓展國際業務時，相當得心應手，公司的營運也跟著蒸蒸日上。

夫妻倆除了為事業打拚，也有了愛的結晶，就是晴文、雅文兩個女兒。喬安娜對女兒疼愛備至，只要是孩子的事，她絕對事必躬親，不假他人之手。就連送孩子上床睡覺，喬安娜也會先唱歌、說故事，然後按摩，兩個女孩才在母親滿滿的關愛下，心滿意足地進入夢鄉。

有一個溫暖的家、一個摯愛的丈夫、一對寶貝女兒，在心中，喬安娜必定感到人生如此圓滿，沒有缺憾。

直到她發現了小女兒雅文，似乎聽不到任何聲音……

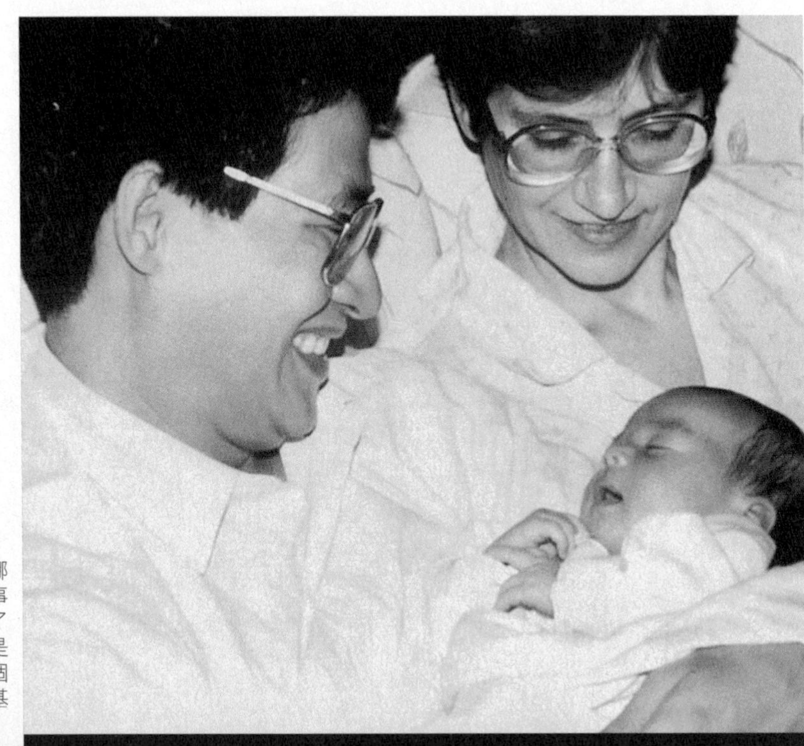

鄭欽明與喬安娜夫妻倆除了為事業打拚，也有了愛的結晶，就是晴文、雅文兩個女兒。（雅文基金會 提供）

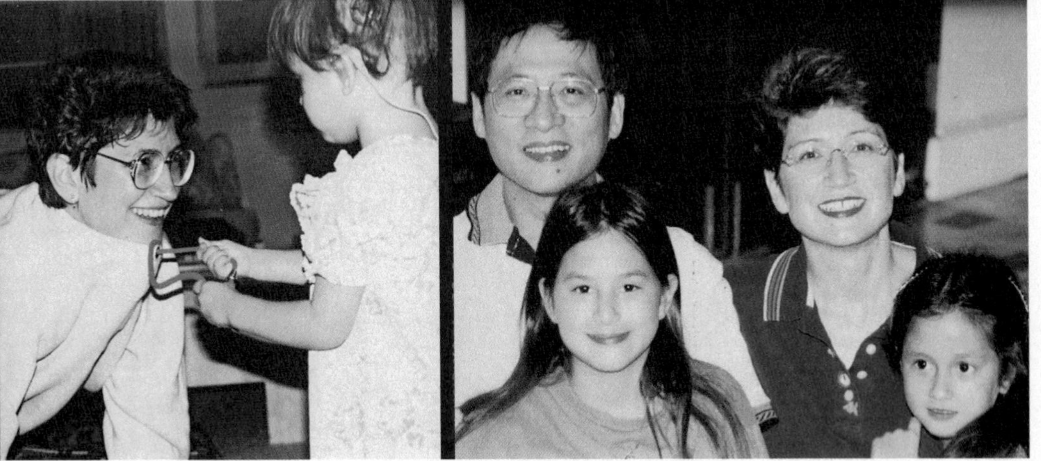

想讓女兒可以開口說話

雅文，是個在國慶日出生的孩子。

對於愛孩子的喬安娜來說，雅文也是上帝送給她的另一個天使。

出生沒多久，喬安娜便察覺，雅文對於外界的聲音，不是那麼敏感。雖然長輩都很樂觀：「以後就會好的。」但是，她還是不太放心，在雅文十一個月大的時候，帶她到榮總做了聽力檢查。

而檢查的結果，讓喬安娜聞之心碎。

原來，雅文是先天性的聽損兒，連一百分貝以上的聲音都聽不到。終其一生，她可能都活在無聲的世界中。

喬安娜不願意就此向命運低頭。除了跑遍國內各大醫院，後來喬安娜甚至還帶著雅文遠赴美國加州知名的豪斯耳科醫院（House Ear Clinic）做檢查，卻只是再一次證實了雅文是聽損兒的事實。

當時，喬安娜所能做的，就是為雅文配助聽器，並請了一位教過聽損兒的澳洲修女，擔任雅文的家庭教師，希望能喚起雅文說話的能力，只是事與願違，經過了一年，仍然沒有明顯的起色。

然而，即使只有一絲希望的可能，喬安娜仍勇於一試，她輾轉得知美國的貝爾聽障協會（Alexander Graham Bell Association for the Deaf and Hard of Hearing），提供聽損者醫療和教育方面的相關資訊與服務。一九九三年，協會在美國丹佛市舉行三天的年會，喬安娜和鄭欽明一起飛往當地參加。這趟旅行，他們收獲很大。

在會場，有不少聽損者話說得十分流利，要不是發現他們耳朵上的助聽器，根本很難察覺對方有此缺陷。

也就是說，聽損，並不代表聾啞，此生就禁錮在無聲的牢獄中，只能透過手語跟外界溝通。對於雅文的未來，喬安娜再度燃起希望。

也是在這次會議中，喬安娜接觸了「聽覺口語訓練」。

聽損兒並不是完全聽不到聲音，而這套「聽覺口語訓練」，就是運用他們殘存的聽力，幫助聽損兒學習說話。只是，雅文是重度聽損，殘存聽力相當有限，如果要採取「聽覺口語訓練」，只有植入人工電子耳一途。

乍聞人工電子耳，一般人可能會好奇，電子耳跟助聽器有什麼不同？

簡單來說，助聽器是接受環境中的聲音，轉換成訊號後，再以音量較大、較清晰的聲音輸出，適合一般聽力受損的使用者。

至於電子耳，則是一種電子裝置，由體外的麥克風、語言處理器、傳送器，以及植入體內的接受器及電極所組成。透過麥克風收集的聲音，經過語言處理器做訊號處理，刺激耳蝸螺旋神經節細胞或其軸突，讓聽損者可以「聽見」。

當然，裝了電子耳，並不代表就能像正常人一般聽見外界的聲音，但是，已經是聽損兒走出寂靜的第一步了。

然而，喬安娜要讓雅文裝電子耳時，又遭遇了難題。

由於電子耳的技術源起於澳洲，喬安娜便安排雅文到澳洲的墨爾本進行手術，醫師進行術前的檢查時，發現雅文是極少數罹患內耳發展不完整的聽損兒，而他從來沒有為這樣的患者動過手術，在經驗不足的狀況下，醫師表示他沒有信心幫雅文動手術。

好不容易燃起的希望，眼看又要熄滅，喬安娜當場就哭了。

喬安娜展現了強韌的毅力，她打聽到有一位德國醫師曾為像雅文這樣的患者動過手術，便說服這位澳洲的醫師，透過電話，和德國醫師進行技術交流。或許是喬安娜強大的意志力，感動了這位澳洲醫師，反正最壞的狀況，就是跟現狀一樣，他終於願意放手一試，替雅文動手術。

值得慶幸的是，雅文終於順利植入了人工電子耳。

這，只是她學語的起始點而已。

先待傷口癒合，然後開始啟動電子耳的頻道，接下來，就是接受「聽覺口語訓練」。

訓練雅文學語的是外籍老師，由於聽損兒學習語言較為辛苦，最多同時只能學一種語言，考慮到英語是國際語言，又是喬安娜的母語，因此雅文的學語就選擇了英語。

喬安娜和丈夫做了分工，他努力工作賺錢，支付雅文龐大的治療和學習費用，而照顧、教育孩子的責任，就完全由她一肩扛起。

此時，喬安娜心中只有一個目標，很具體，很清晰，就是讓雅文能夠開口說話。

喬安娜不願意向命運低頭，即使只有一絲希望，她仍勇於一試。在參加美國貝爾聽障協會的會議中，她接觸了「聽覺口語訓練」。對於雅文的未來，喬安娜再度燃起希望。（雅文基金會 提供）

幫助聽損兒跨出無聲世界

為人父母者，第一次聽到孩子開口說話時，雖然只是牙牙學語，卻宛如天籟。

身為聽損兒的母親，當喬安娜聽見雅文終於開口說話，不難想像，內心會是多麼洶湧澎湃。

在開刀之前，雅文一個字也不會說，接受聽覺口語訓練後，前十個月，她仍然像一株沉默的小花，倒是十個月剛滿，這株小花突然會說話了，而且，根據喬安娜的筆記：「現在叫她閉嘴也閉不了。」

從一個原本聽不到、也不可能說話的小女孩，雅文在語言學習上所展現的進步，彷彿是一個不可能的奇蹟。

她開始能分辨不同字眼的發音，當大人叫她的名字，她會轉頭，而當電話輕聲響起時，她不但能聽到，而且還會過去拿起電話，發出像是說「Hello」的聲音。

是什麼樣的魔法，可以讓聽損的孩子跨出無聲，學習跟外面的世界產生聯結呢？

說穿了，「聽覺口語訓練」並沒有太複雜的原理，就是孩子身邊的親人必須持續地利用各種生活情境，為孩子進行語言的刺激，在不斷的練習中，孩子便能累積對於字彙的印象，進而達到學語的目的。

因此，親人為孩子進行「聽覺口語」的訓練時，處處都是教室，時時都能上課。生活中的任何一件小事，都可以用來做為語言輸入的教材。比方說，如果孩子喝水時，

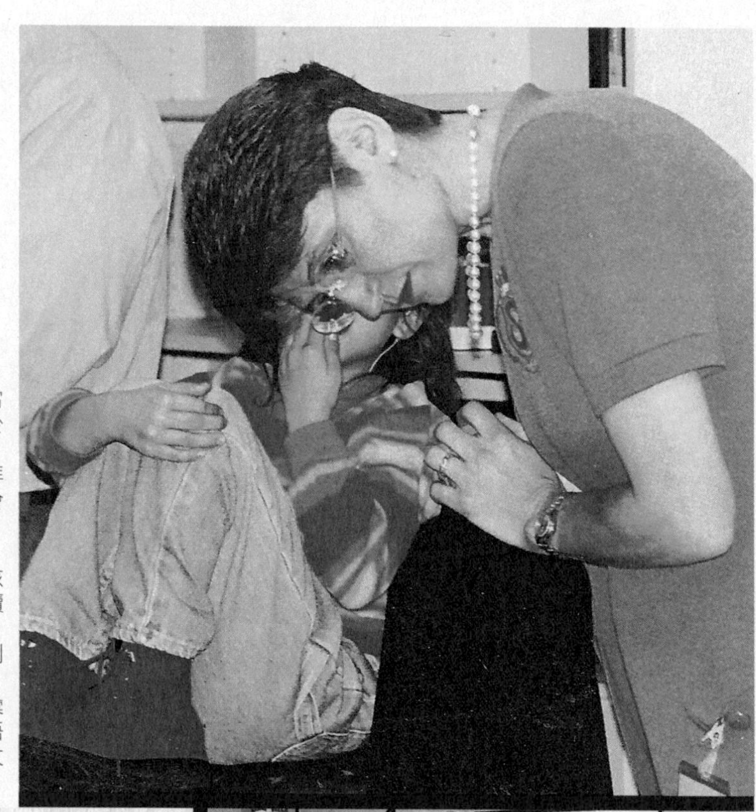

身為聽損兒的母親，當喬安娜聽見雅文終於開口說話，不難想像，內心會是多麼洶湧澎湃（上）。（雅文基金會提供）

聽覺口語訓練，就是孩子身邊的親人必須持續地利用各種生活情境，為孩子進行語言的刺激，在不斷的練習中，孩子便能累積對於字彙的印象，進而達到學語的目的（下）。（雅文基金會 提供）

不小心把水灑到桌上，可以說：「啊！倒了，你看看那個水亂七八糟，我們擦一擦，髒髒的。我們擦一擦，擦乾淨，好棒。地上還有，地上我們擦一擦，好不好？」透過實際的生活事件，加上不斷地重複關鍵字眼，孩子就能學會「擦一擦」的發音，並了解它的意思。

如果，覺得孩子已經懂得「擦一擦」，為了擴充字彙，就可以在句子中，加入另一個單字，比方說，「擦一擦，讓我們用『抹布』擦一擦。」

「聽覺口語訓練」的特色，就是家長要付出很多，包括了時間和心力。然而，家長投入愈多，聽損的孩子未來在聽、說、表達、溝通、學習上，進步的空間愈大。

或許可以這麼說，雅文的每一分進步，點點滴滴，都來自喬安娜那強大又堅韌的母愛。

成立雅文兒童聽語文教基金會

見證過「聽覺口語訓練」的教育效果後，熱血心腸的喬安娜也開始思考，該如何把這套教育方法推廣出去，幫助更多聽損兒的家長。

正因為自己身為聽損兒的母親，喬安娜太了解這一路走來的辛酸，如果能夠將自己的經驗，化做一道光源，照亮其他聽損兒家長求醫、療育的路，她所經歷的種種難關，也會因此變得更有意義，也更有價值。

「讓未來的台灣，不再有無法說話的聽損兒。」在心中，喬安娜定下了這樣的承諾，而這也成為她日後成立基金會的出發點。

有著菩薩心腸的她，果真將理念化成了行動。一九九六年十月，喬安娜跟夫婿成立了「雅文兒童聽語文教基金會」。為了推廣「聽覺口語訓練」，喬安娜開始籌備聽損孩子的教育課程。

除了台北，他們也經常到各地舉辦講座。接觸愈多聽損兒的家長，喬安娜愈是感到不忍，眼見他們為了孩子的療育資源焦慮奔走，她更加堅定了自己的理念，就是為這些聽損的孩子，提供免費的「聽覺口語訓練」。

一年後，雅文高雄中心成立，南部的聽損兒家長就不必為了送孩子上課而長途奔波。二〇〇一年十一月，雅文基金會接受宜蘭縣政府的委託，又在宜蘭成立了另一個學習中心。

就像是在荒漠中打造一座美麗的玫瑰花園，喬安娜在「雅文」所做的許多事情，幾乎都是首開台灣先例，就在她的用心耕耘下，「聽覺口語訓練」終於在台灣扎下了根基。

草創初期，百廢待舉，「硬體」的籌措還算單純，最困難的是「軟體」，也就是師資。在當時，「聽覺口語訓練」還算是一套比較新的訓練方式，「雅文」的師資無法外求，只好自己培訓。老師在正式上線教學前，要接受長達半年到八個月的專業訓練，除了「聽覺口語訓練」，課程還包括了聽力學、兒童教育學。

為了讓老師們能安心上課，受訓期間薪水照付。不過，難免還是有老師信心不足，不確定從事「聽覺口語訓練」的教學，會是一條可以走得長遠的路。若是基金會撐不下去，他們豈不是白忙一場？為了「穩定軍心」，喬安娜經常苦口婆心地和老師溝通，就是希望把人才留下來。

曾經有一位老師，在受訓接近尾聲時，以「不喜歡小孩子」，提出了退出的要求，多次溝通無效，喬安娜只好同意這位老師離開，重感情的她，還為這件事，難過了好一陣子。

師資培訓之外，「雅文」成立初期的另一項大工程，就是「聽覺口語訓練」的中文化。

由於「聽覺口語訓練」是從西方發展起來，教學的步驟和原則，自然是根據英文的發音方式和語言表達模式。然而，要教中文世界的聽損兒說話，許多教學內容就要進行轉換，而非僅止於翻譯。

比方說，若是教英語，在教到「ball」（球）這個字時，可能會同時連結近聲詞「bounce、bounce」（彈起），但是本地的老師就得另外找一個跟「球」有關的近聲詞，方便孩子記憶。

至於中文裡特有的捲舌音ㄓㄔㄕ，英文則沒有，就要運用發音學的專業知識去設計教案。

然而，喬安娜的企圖心，不只是將「聽覺口語訓練」中文化、本土化，還希望能建立一套完整的教學理論和方法，內容涵蓋了「聽能管理」、「聽覺口語實施技術」、「諮商技巧」、「聽能、說話、語言、認知、溝通之發展序列」等。

要建立一套科學化的教學方式，本來就不容易，當時國內可提供臨床人員、治療師做為評估孩童語言能力的常態化測試工具不多，因此要為聽損兒童建立一套語言學習的指標（比方說，一個學齡前孩子應具有的基本字彙數量），更是一項沒有前例的工程，完全靠著喬安娜和團隊一點一滴建構起來。

一九九六年十月，喬安娜跟夫婿成立了「雅文兒童聽語文教基金會」。就像是在荒漠中打造一座美麗的玫瑰花園，喬安娜在「雅文」所做的許多事情，幾乎都是首開台灣先例。（王漢順 攝影）

「雅文」的另一創舉，是為幼童提供免費的聽力篩檢服務。

每個聽損兒的聽能狀況不一，有些孩子需要開刀植入電子耳，有些則配戴助聽器即可。因此，在引導孩子學習使用聽能、開口說話之前，第一步必然是進行聽力篩檢。

一心要為聽損兒家庭打造「全方位解決方案」（Total Solution）的喬安娜，不但花了新台幣兩百八十萬購買完善的聽力檢驗設備，還請來澳洲的聽力專家坐鎮。馬偕醫院耳鼻喉科醫師林鴻清便稱許，本來是國家該做的事，「雅文」主動做了，而且還做得有聲有色。

令人更感佩的是，「雅文」成立初期，沒有任何外界捐款，所有軟體、硬體的建制，經費完全來自喬安娜和鄭欽明兩個人。

喬安娜平時除了得打理基金會的諸多行政事務，為了推廣「聽覺口語訓練」，她還會親自示範教學，甚至跑到學生家裡去上課，也幫家長打氣。

一位信奉基督教的聽損兒家長，認為喬安娜宛如《聖經》裡的以斯帖皇后。這位波斯王亞哈隨魯的猶太籍皇后，宅心仁厚，在公元前五世紀，制止了波斯屠殺猶太人的計畫，挽救了她的族人。

喬安娜身為聽損兒的家長，因此願意幫助更多聽損家庭，她的仁慈和胸襟，的確可以和以斯帖皇后相互輝映。

喬安娜全心投入雅文基金會，為聽損家庭尋求醫療和教育的資源，是許多聽損兒眼中的「天使媽媽」。

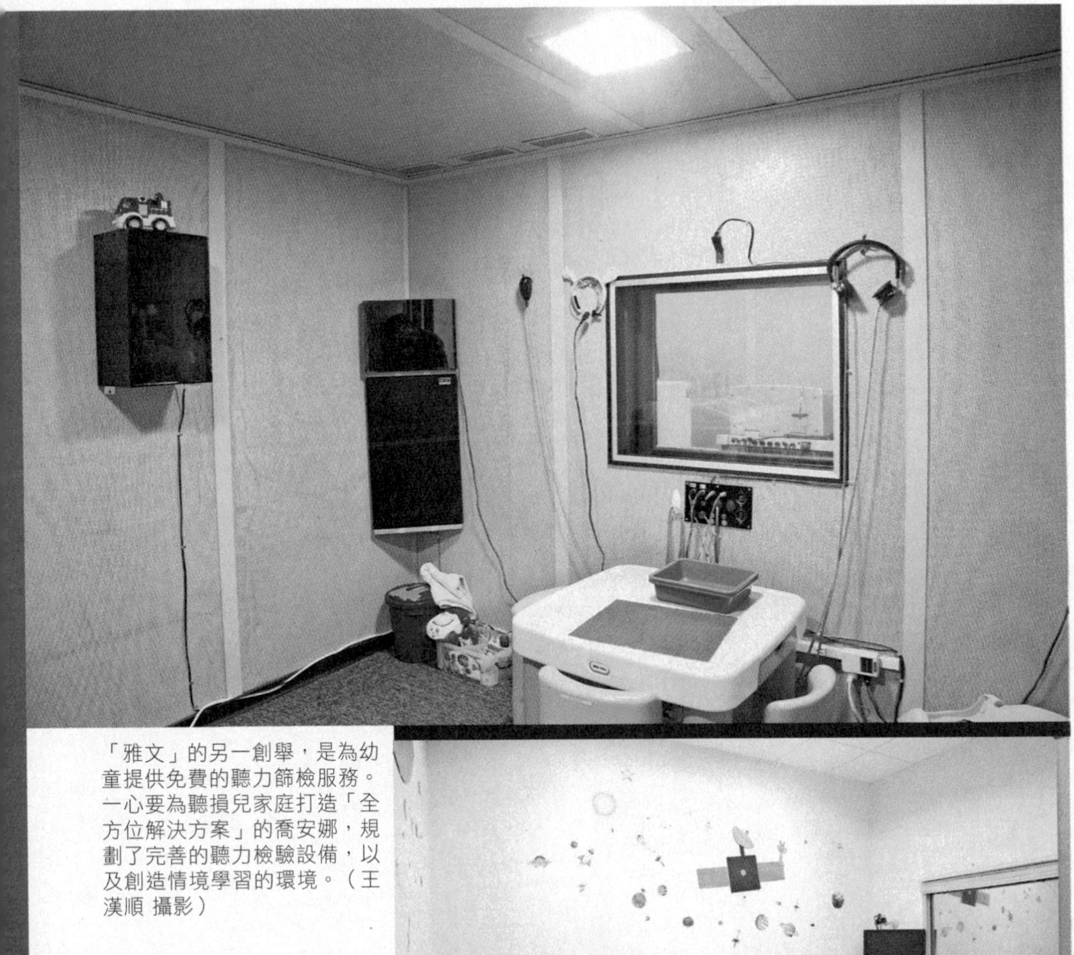

「雅文」的另一創舉，是為幼童提供免費的聽力篩檢服務。一心要為聽損兒家庭打造「全方位解決方案」的喬安娜，規劃了完善的聽力檢驗設備，以及創造情境學習的環境。（王漢順 攝影）

「因為自身的苦，所以嘗到幫助別人的甜。」

誰都不會想到，幫助眾多家庭走出苦難的喬安娜，卻在基金會做出成績時，面臨了另一個攸關生死的難關。

雖然上帝最後還是帶走了她，但是，當身陷苦難中，喬安娜展現的鬥志，以及關懷眾生的慈悲心腸，仍然讓人為之動容。

一九九九年九月，年度的健康檢查報告出來了，為鄭欽明一家帶來了晴天霹靂。報告指出，喬安娜的乳房出現了腫塊，大小約二乘四公分，很可能是惡性的。經過進一步的檢查，確認她得到了乳腺癌。

在娘家親人的極力遊說下，喬安娜沒有立即接受化療，而是前往美國亞歷桑納州，接受一種綜合療法，提供這項療法的醫生宣稱，治癒的機會高達百分之百。

為了打敗病魔，只要是醫生開出來的處方，包括吃大量的維他命、打坐、扎針、服用中藥、咖啡灌腸，喬安娜照單全收。

然而，五個月之後，醫生保證的療效並未出現，並且由於在癌症期間打了不明藥品，短時間內急遽惡化，於是喬安娜又到德國接受順勢療法，又是三個月，病情仍未見好轉，只好返台接受化療，然而，癌細胞已經擴散。

化療中的喬安娜，腦子裡仍轉著許多計畫。

就像是女兒的聽損，成為她創辦雅文基金會的契機，而自身與病魔奮戰的痛楚，也讓她

喬安娜全心投入雅文基金會，為聽損家庭尋求醫療和教育的資源，是許多聽損兒眼中的「天使媽媽」。（上：雅文基金會提供；下：王漢順 攝影）

忍不住想推動癌症防治教育，提醒更多台灣的婦女，要為自己的健康把關。

二〇〇〇年八月十九日，喬安娜公開捐贈了兩輛子宮頸抹片檢查巡迴車。在媒體鏡頭前，喬安娜身穿紅色上衣，雖然患癌，仍顯得神采奕奕，臉上有著她一貫燦然的笑容。

「因為自身的苦，所以嘗到幫助別人的甜。」喬安娜如是說。

愛自己、愛親人，是人之常情。然而，像喬安娜這般，來自西方，嫁為台灣媳婦，對台灣這塊土地上的民眾付出如此無私的關懷，無疑是為「人間大愛」做了最動人的示範。

她想做的事，還有這麼多，但是上帝留給她的時間，卻不多了。

「天使媽媽」愛的能量長存人間

二〇〇一年五月，喬安娜決定回醫院接受強度更強的化療，療程正進行中，她的情況突然急速惡化。五月二十八日，喬安娜陷入了昏迷，急救後，醫師宣布腦死。鄭欽明強忍悲痛，在她耳畔不斷地強調，他會好好照顧兩個女兒。

他希望她能夠了無牽掛，安心地離開。

六月七日，喬安娜停止了心跳和呼吸，人生正式畫下句點，享年四十七歲。

兩個女兒，分別寫下文字，向摯愛的母親告別。

個性溫柔、被形容最像母親的晴文，是這麼寫的：

終於，妳不再痛苦了，此刻，妳與天父同在。瑪麗．愛德華說，我們將重逢，我相信她的話，我們一定會再見面！妳會來我夢裡探望我嗎？下一輩子，妳還能和我在一起嗎？我們一起努力，好不好？我好想妳。請繼續從天國照顧我們，幫助我們照顧彼此，特別是小雅文，讓她能上大學，快快長大，謝謝！妳是全世界最棒的媽媽，我們會永遠想念妳。

而讓喬安娜投入最多心力的雅文則寫道：

親愛的媽咪，妳是我最親愛的天使，我會永遠深深記得妳。妳身體狀況不好，我覺得很難過。不過，現在，妳已經到了天堂，和上帝與耶穌同在。這輩子能做妳的女兒，我覺得好幸運。妳永遠活在我心裡，我必須要和妳說再見了，多保重……我真的很愛妳。

人的生命會消滅，但是愛的能量，卻能長存人間。

喬安娜雖然離開人世，但是，她對聽損兒那份關懷，透過雅文基金會，仍繼續傳承下去。

二〇一三年，六月。

在「雅文」放在YouTube的影片中，雅文談起了她對母親喬安娜的記憶，以及她對聽損兒家庭的建言。

如今在澳洲就讀大學的雅文，已經是名亭亭玉立的大女孩了，她在影片中提到，雖然已經接觸「聽覺口語訓練」十八年，她仍然每天提醒、要求自己，說話時，發音要清楚、明確。

「每次當我想到我的母親，心中總是充滿愉快的回憶，」雅文以清晰又充滿情感的語調說：「我永遠記得媽媽不管遇到什麼情況，她都能一直保持優雅和冷靜。」

雅文記得，母親總是不斷地告訴她，要為自己負責，遇到問題時，要有能力自己站起來。在她記憶中，在就讀幼稚園大班、或是國小一年級時，曾經有過一段適應不良的時期，母親並沒有直接出面幫她解決問題，而是告訴她，「如果妳有什麼需要，就去告訴老師，讓他知道該怎麼幫助妳。」比方說，請老師說話時，不要用手掩住嘴，或是盡量不要面向黑板說話。母親的教育方式，也讓雅文從小就懂得自己學習解決問題。

在喬安娜的遺物中，雅文找到了母親留下的兩則座右銘，一則是：「放手去做你可以做的，或是夢想想做的事。勇氣往往隨著創造力、能量與神奇的力量。」她可以想像，當母親發現女兒是聽損的孩子，就是靠著這份勇氣，克服萬難，幫她找回原本幾乎不可能擁有的聽力。

另一則座右銘則是：「我會抓住分分秒秒，看著它、讀透它、體驗它，再也不放開它。」透過這句話，雅文體會出母親對生命的禮讚與感恩，尤其近年一趟非洲的旅行中，她看到當地的聽損兒在學習資源不足下，只能靠著手語溝通，她更深深感到自己是個有福分的人。

以雅文為名的基金會，也邁入了第十七年。喬安娜過世後，鄭欽明除了繼續推動「雅文」的知識管理系統，也導入企業管理的思維，因為他知道，「雅文」必須要獨立生存，才能永續經營。過去「雅文」的經費完全依賴鄭欽明旗下的明門實業，如今靠著逐年爭取外界支持，讓雅文朝向「自給自足的聽損兒童專業療育機構」的目標邁進。

人的生命會消滅，但是愛的能量，卻能長存人間。喬安娜雖然離開人世，但是，她對聽損兒那份關懷，透過雅文基金會，仍繼續傳承下去。她生前的筆記本（右上）和一直保留的辦公室（左上）。（王漢順 攝影）

鄭欽明很感激喬安娜為他留下了這對好女兒，說是父女，更像是無話不談的朋友（右中、右下）。
（雅文基金會 提供）

說到經營之道，鄭欽明有著企業家一貫的冷靜、理性，但是談起了愛妻喬安娜，臉上便難掩溫柔的神情。雖然喬安娜已辭世了十二年，她仍鮮明地活在鄭欽明的記憶中。

「她的慈悲心腸，真是人間少見，」鄭欽明感歎，喬安娜的善良和感恩，對他產生很大的影響，因為善良贏得人和，感恩帶來胸襟，很多看似解不開的問題，便能迎刃而解，「如今，每當我遇到難題時，我還是會想像，如果是她，她會怎麼做？」鄭欽明翻看著他與喬安娜的結婚照，心中彷彿正和妻子對話。

喬安娜走後，鄭欽明忙於事業之餘，還得父代母職，扛起照顧兩個女兒的責任。慶幸的是，晴文和雅文都遺傳了喬安娜獨立、自主的個性，不太需要他這個做父親的操心，說是父女，更像是無話不談的朋友，鄭欽明很感激喬安娜為他留下了這對好女兒。如今，明門實業旗下的兩個品牌，名稱都跟女兒的英文名字相關，暗藏著鄭欽明那份心繫愛女的父愛。

在雅文和鄭欽明心中的喬安娜，是個生命的勇士，面對困難和考驗時，她不逃避、不抱怨，而是勇於面對、找出解決之道。即使生命中有缺憾，她也能將這份缺憾，化為改變世界的力量。

就像她因為女兒的聽損，為台灣每一個聽損的孩子，找回了說話的機會。

來自西方的喬安娜，嫁為台灣媳婦，對台灣這塊土地上的民眾付出無私的關懷，無疑是為「人間大愛」做了最動人的示範。（王漢順 攝影）

寫給島嶼的愛情批。

7

來自日本的乞丐之母

施照子

一九四五年，清水照子歸化中華民國國籍，改名施照子，並擔任愛愛院院長。她冠上丈夫的姓，在丈夫的土地上活著。……這一生不過是一封信，她換了姓，用自己的歲月，來回給那個心愛的人。

◎陳栢青

（王漢順 攝影→）

人物小傳

施照子（一九一〇年～二〇〇一年），原名清水照子，生於京都富裕之家，因欽佩開設「愛愛寮」收容乞丐之台灣人施乾，進而與之共結連理，成就千金小姐嫁與乞丐之父的愛情傳奇。照子渡海來台後，半生歲月奉獻給愛愛寮，親身照顧院內乞丐與社會底層者起居，並於施乾病逝後一肩擔起經營愛愛寮之責。經歷二次大戰和國府來台，艱難歲月裡貢獻出自身所有，並願為院內收容者放棄回國機會，扎根台灣，後歸化中華民國國籍，改名施照子，萬華人稱「乞丐母」，愛愛寮如今易名愛愛院，持續守護台灣孤苦老人走過下一個黃昏。

（王漢順 攝影↑；台北市私立愛愛院 提供→）

敬啟者

聲音只是靜靜。有的時候是語言，有人開口。她聽到聲音。但只是聲音。沒有意義。還沒有意義。

時間過去多久了呢？清水照子前幾天才摔了腿，如今只能靜靜坐在庭院裡。她閉著眼，側耳聆聽的姿態依然溫潤如少女。老人家已經九十餘歲，重聽，視力嚴重退化，而世界在更早之前就把她留在黑黑的角落。

但她只是側耳聆聽著。誰在喚著她呢？這麼多年過去了，照子還是不太會說島嶼上流行的話，無論是台語，還是北京話。語言上的陌生總讓她想起剛抵島嶼的那個春天。

她想起初到時的港口，黑煤灰重重壓在紅色相思花上。產業道路上醉了酒的老乞丐惡戲似含著痰的問候：「こんにちは。」

こんにちは。叩你機哇。照子辨識出語音，是問「你好吧」，她便也深深一回禮。後來跟別人說起這段，引起不懷好意的一陣笑。那時她還不明所以，要到再過些時候，島上的住民才會告訴她，這根本不是問好哩。聽起來發音像是「叩你機哇」，但乞丐說的其實是閩南語的「睏你姊仔」。

講解這話的人很是得意的笑了，沒有一點不好意思。她那時聽著聽著只能跟著笑。笑得臉紅紅的。心頭有被刺痛的憂傷，未曾有人知。

日本人回去了，民國來了。很多人離開了，更多人留下來，九十歲的清水照子活在民國的夏天裡，依然只會說日語。多想跟誰說說話啊，敬啟者，此刻的她，想寫一封信。

／

敬啟者。

冒昧打擾了。您必然不認識我，我卻聽聞了您的存在，我是清水照子。這裡是三月的京都……

信紙白如雪。紙上執筆的手又瑩白勝雪。那是一九三三年的春天。在京都，枝上櫻紅，枝下有含苞的少女青春正盛。此刻，清水照子正臨窗寫信。

照子家經營和紙與布料生意，父親是京都頗有名氣的富商，做為清水家的大小姐，照子畢業自京都第二高等女學校，自小學習花道、茶道，父親且打算按照傳統，為照子招個好對象入贅，關於照子的未來，彷彿已經成形正待描畫空白和紙上。

男子俊秀的身姿便立在桌前照片裡，此刻，照子身後傭人正為她梳髮，那黑髮舒展一如她筆下紙卷，女傭一齒一梳，照子一筆一字細細地寫：「敬啟者」，女傭且以為自家小姐正提筆寫信給愛人，豔羨讚美道：「是銀行家的公子呢，和我們清水家真是門當戶對哩。小姐會得到幸福的。」

照子搖搖頭，也不說破。就讓他們誤會吧。她的信，只想寫給那個人，那個未曾謀面的台灣人。她無聲唸出那個人的名字。

敬啟者。施乾。

一段無人知曉的，小小的愛戀，就由一封信開始。

說起來，奇妙的緣分是由大文豪菊池寬筆下開始的。菊池寬由當時成為日本殖民地的台灣回來，在報紙上刊載了相關見聞，筆下所描述的台北：「異境偏遠之地，竟是無乞丐之城呢。」

照子初看新聞時且驚疑，古都一千三百年，一花一物皆有其史的京都尚且有乞丐，不過是殖民地，台北怎麼做到的？

菊池寬的描述引發了照子的好奇。施乾是誰呢？她多方打聽，才知道更多關於他的傳奇。據說施乾出身台北富裕之家，學校畢業後進入總督府任職，有一天奉派去艋舺地區調查貧戶，深入理解後，便立下決心去改善乞丐生活，初始不過是下了班後教乞兒們讀書寫字，到了後來，竟辭去工作，變賣家產，在台北綠町一帶造了房舍，取名「愛愛寮」，以收容乞丐為主。

「愛愛」。照子反覆咀嚼著這個詞，她想，是怎樣的男人擁有這樣的一份大愛呢？

在我父的家裡，有許多住處。若是沒有，我就早已告訴你們了。我去原是為你們預備地

年輕的施乾（右上）。（台北市私立愛愛院 提供）

一九三〇年代愛愛寮大門、街景和全景（中上、左上及下）。（台北市私立愛愛院 提供）

方去。我若去為你們預備了地方，就必再來接你們到我那裡去，我在那裡，叫你們也在那裡。

信仰上帝的照子能背出福音，那是天國的樣貌。而如今，有人在地上施行了。若上帝的愛遍及世人。那這男人的愛，又是如何廣大呢？

每一封信都是為了下一封信存在。首封信之後，是第二封，第三封，照子的鄰居施秀鳳正好是施乾的堂妹，赴日留學，透過秀鳳的引介，縱然自己已有婚約，照子仍和施乾展開長達一年多的通信。

施乾於信裡附上自己的作品《乞食撲滅論》，他在書前開宗明義寫下：「吾人不承認社會上應該存在乞丐，因為確信其為『不可有』，吾人必須從社會上撲滅乞丐。」他提出「教其生產」為主要撲滅方案，讓乞丐學習手工業，例如台灣笠、草屐、藤工藝品，使其不依附救濟，而能自足維生，徹底脫離乞丐這身分。

對照子而言，這是何其新鮮的理論。新鮮，是因為從沒人告訴她，天國也是需要勞動的。而這勞動，也許才是在人間創造天國的基礎。敬啟者。照子於信紙上每寫下一個字，心中便篤定些，多認識這男人一些。人們說施乾慈善，是「台灣的賀川晴彥」，賀川先生在日本被稱為「貧民窟之王」，投入畢生精力賑濟貧民。而在照子眼裡，施乾不只是慈善的，又是有些傻氣的。但正因為傻氣，才願意去做這些人們所不願也不敢為之事，甚至發想出種種救濟方法，從根本改革起。那樣的傻，其實何等聰明？

信仰上帝的照子能背出福音，那是天國的樣貌（右上）。（王漢順 攝影）

施乾提出「教其生產」希望能撲滅乞丐，讓他們學習手工業，使其不依附救濟，而能自足維生，徹底脫離乞丐這身分（左上、下）。（台北市私立愛愛院 提供）

照子心中跟著施乾規劃起經營愛愛寮的藍圖。在京都少女的想像中，愛愛寮的牆面於島嶼日照下如鹽白如石面乾淨，那其實是一間學校般的建築。髒了臉的乞丐在這裡去了汙潔淨了手，他們會用一雙乾淨的眼，重新學習生活技能，做活的做活，學手藝的學手藝，在手工藝教室集體排排坐。

他們會換上清潔的制服，終將不饑啼不號哭，重新對生活有了信仰。

他們也許會一起下田，日照下灌溉一株株小幼苗，像灌溉他們自己。驪黑額頭淌落一滴滴汗，他們會在日照下聊彼此遠大的未來，偶爾回想起陰影般的過去。

某一個時候，他們會集體轉過臉來，對著提著飲料要他們歇息一會兒的施乾熱情又誠摯地喊著：「先生。」

「先生，謝謝您讓我們有第二次機會。」

此起彼落的感謝聲充斥這個畫面。照子不免想，如果在這幅人間天國圖裡，多出另外一個嬌小的身形，寮民們是否會跟著喊：「感謝奧樣。綺麗的奧樣啊。」

「奧樣」，所謂的先生娘，那張臉，會不會是她的？

她也能投入這份奉獻自己改變世界的藍圖之中嗎？

思及此，想像裡的日照分明沒晒到她，照子的臉依然紅了。

但想不到，這段與施乾通信往返的戀情曝光後，父母的反對比什麼都大。

「我們可是京都清水家喔。」父親隔著屏風嘆息著，該氣的也都氣了，此刻是真心為女兒擔憂，從小長在深閨的大小姐，要如何與畢生奉獻給乞丐的男子結婚？現實世界畢竟不是童話故事。

再來，日本內地如何與台灣通婚呢？先別說兩人結婚後，京都社交圈如何看待清水家，從實質面而言，那時台灣還沒有嚴整的戶籍法，日本內地女子嫁給台灣人，戶籍也不能轉過去。而既然沒有戶籍法，台灣人的戶口便由警察系統管理，連法院也無法監督，一個無司法效力的婚姻，女子又怎麼會有保障呢？

「更何況，何況……」母親話還沒說出來，聲音先哽咽了。久久，才一句：「那裡可是台灣呀。」

這一句話，什麼都沒說，卻什麼都說了。台灣瘴厲地。多毒蛇與土著。別說其他，距此不過兩年前，台島霧社一地，番民趁黎明前砍下多少頭顱，刀光映著太陽旗。是這樣的島嶼，滿是反亂者與難馴之民，照子一羸弱女子，養在京都深閨，這一去，一去……

照子順著母親的眼神望去。小桌上，銀行家公子的照片依舊擺在那，依然是那樣手姿俊朗的笑。笑得那樣近，近得似乎往前一步，那個幸福生活就可以取得。

照子退後了一步。敬啟者，此刻，她心中且揣擬下一封信的內容。致歐卡桑歐多桑，縱然如此，我想去。無論如何都想要去喔。照子眼神中透露著堅毅。無法妥協之下，父親連變通的方法都說出來了。

「如果，你這麼愛他，他也如此愛你的話，那請施乾桑入贅我們清水家如何？」

入贅？

但那是不可能的。照子心想，那個人，把自己獻給了神，不，獻給了台灣的窮苦人們，施乾是屬於群眾的，這樣一個人怎麼可能，怎麼可能只屬於清水家呢？

敬啟者。如果施乾不能只屬於清水家，那他又怎麼可能只屬於照子一個人呢？

但那時的照子，還沒想到這樣一件事情。

「我願自始至終以如此熱情勇往邁進……」照子細細讀著施乾的信，敬啟者。一九三四年春，彼時二十四歲的清水照子做了一個決定。

是年，施乾急赴日。照子逃婚，兩人於京都賀茂御祖神社結婚。

後兩人返台，於蓬萊閣大宴台灣官民。

「僅靠照片和書信的內台婚姻。傳統京都姑娘與傳奇乞丐之父結婚。」報紙上登出兩人結婚的訊息，其中寫著：「信件的來往中，施乾將心中的意念告訴照子，照子也有同感，兩人終於心靈相通……」

但僅只是如此嗎？

敬啟者。

很多年後，報紙近乎童話似的標題已經褪黃，但清水照子仍能清楚想起初踏島嶼之岸，牽著施乾的手望向愛愛寮的第一眼。

如果她能寫一封信，給那時未嫁猶是少女正規劃未來藍圖的自己，她要怎麼寫呢？也許她什麼都不用寫，只要在這封信裡，附上另一份記者採訪愛愛寮的報導。那是只有真正經

清水照子（中）與母親、妹妹合影（上）。（台北市私立愛愛院 提供）

乞丐之父施乾與京都姑娘清水照子的婚姻，成就了一段傳奇（下）。（台北市私立愛愛院 提供）

歷過這一切風景的照子才知道的事情。

「為了一窺愛愛寮，記者進入簡陋的住處中，突然一股臭氣燻鼻。」「被收容者，說是乞丐，也不都是一樣的人，這裡有病人、精神病患、嗎啡中毒者、鴉片中毒者、身障者、白痴，易言之，這裡是垃圾桶，集合了人間廢物中的廢物。」

沒有照子想像中，日照下曝白若和紙面的牆面。沒有整齊的制服。沒有教室與整齊劃一的行伍。沒有一雙雙望向施乾感激的眼。

抬目望去僅僅只是柵欄後一雙雙滿布血絲的眼。廢物人間。

「請妳忍耐。」照子永遠記得那令人沉默的第一眼之後，施乾握住她的手，低聲地說。

敬啟者。那一句話，像是遲來的一封信，最後才寄到照子面前。要記一輩子。

敬啟者。

落款日期是一九三四年夏季。地點，台北愛愛寮。

紙是白的，字是黑的，「那些風景，你一定未曾見過。」清水照子寫到，大稻埕家家戶戶燃煤。熾夏日照，和服後裸出的頸項溼漉漉一抹，汗都是黑的。「簡直像活在灰燼的城市裡。」她一個字一個字寫，還沒寫完，手再抹，額間沁出汗珠，怎麼眼眶也溼溼的，一滴一滴落下，她愈抹，字糊開了，紙黑了，臉也黑了。照子卻反而笑了，寫下的字固然沒有了。但反正，本來也就沒有，那個可以寫信的人啊。

來到遠方的島嶼。但是夢想並沒有變成真的。一切都把它隔在外頭。

敬啟者，照子自問，問題出在哪呢？是語言嗎？但院中收留的乞丐們多半能講日語，雖然有時也用台語開玩笑，她便是在此第一次明白こんにちは和「睏您姊仔」的分別。她想，沒關係，至少還有同樣來自日本的同胞吧。如果和男士講話怕羞，那她就和日本女人講。

她在市場聽見和語柔軟細碎，東京腔，京都腔，回過身，彼此默契地點頭，也想攀談，對方掩著嘴笑了，既是訝異又害羞。「灣妻」，她聽見本地人這樣稱呼她們，大概是指日本內地嫁到台灣來的女子吧。她自覺也是灣妻一名，回家興沖沖想跟施乾說。

我呸。剛來院的老丐聽到她說，汙髒手指在牆面留下黑斑紋：「灣妻。下賤啦。」

照子後來才認清楚，「灣妻」不是單指從日本嫁來台灣的女子，而是指居留台灣時與當地男人結婚的女人。這些女人通常是在日本混不下去了，或是想攀附台灣富有人家才結婚的。在台灣，她們不是娼優，便是德性有待檢視。

那時有俗諺云：「台灣的日本人女性是台灣紙幣，只能在台灣島內通用。」

我不是紙幣，照子想，那麼，自己是什麼？

（我也許是一張信紙，寫滿了祕密的語言。等待寄給那個必然會聆聽的誰。）

但那是誰呢？

施乾？

還是施乾愛著的人們？

我是該愛著施乾，還是愛著施乾愛著的人們呢？

所以，敬啟者，最大的問題，也許不在語言，而是在溝通。溝通。和別人溝通。那意味著進一步的接觸，聆聽。

但當施乾筆下「乞食撲滅論」、菊池寬「無乞丐之城」乃至夢中雪白如和紙的「人間天國」還原成真實的愛愛寮，當一個又一個收容的寮民真實出現在她眼前，縱然已經有心理準備，她仍然一次又一次受到驚嚇。

就說如何收容乞兒入院吧。那並非如牧羊，牧者手杖指著便乖順地進入圈內。乞丐有自己的日子過，視集體生活和紀律如畏途，且在施乾的理論中也有提及：「乞丐以為伸手便能養活生計，因此視之為常。」因此自願入寮者甚少。

那寮中的收容者是如何而來？

原來寮中有不少乞丐，是施乾拉著二輪車，在路上強拉回來，也有警察強制送來寮中。加上寮中還有收容煙毒癮與精神病患，收容份子複雜，混亂始終免不了。照子和施乾的住所就在愛愛寮裡，幾度照子推開門，但見灰燼在遠方的空中落下，院前幾組人正纏鬥著，混亂的場面中，分不出哪一邊是強迫入院的收容者，哪方是院方人馬，但見一片混亂，又是幹拐子架胳膊，一邊要把人拽進寮內，一邊只想往院外跑，兩邊人動起真氣來，粗言穢語與體液口水橫飛，京都來的清水家大小姐何曾見過這等陣仗，照子轉身就要回屋裡，腳一挪，卻聞半空一聲雷吼，兩方人馬頓時一僵，對壘人馬棍棒束具哐噹哐噹落地，無分乞丐還是護理人員，人人抬起頭，但見施乾叉腰一站，大眼一瞪正做虎吼聲要來排解。

所以，敬啟者，最大的問題不是語言，而是溝通。溝通，又不只和別人溝通。也包括，和施乾的。那個文文氣氣的施乾，和照子通信一年以來揮毫筆墨暢談天下事的施乾，當他從信紙裡躍出，當相處不只有文字，照子這才對他有更多認識，施乾是在地有名的雷公性，人文文氣氣，急起來吼聲賽雷聲。

這點施乾的女兒施明月也曾留下紀錄：「父親由於受日本教育，又是一個完美主義者，凡事力求盡善盡美，做不好就會發脾氣罵人……」

聲做雷吼，力求完美，好似威嚴不可親近，但他又的確是自己所愛的那個，將自己奉獻給群眾的男人。照子猶然震懾於耳邊隆隆聲響，卻只見前一刻還威吼如雷神的男子，下一秒又放軟身段就地坐下，一旁看護已經習慣了，立刻遞上毛巾、剪子，只見施乾極其熟練地為初入寮中的乞兒擦去臉上的汙泥，剪去亂髮後，也不避汙穢，就著屋棚內僅有的光源為乞兒檢查起虱子來。

「施乾終日與滿身髒臭，捉蝨可掬，神迷語亂者同居生活，撫之、慰之、教之、導之、醫之，而不以為苦、為賤、為恥，難怪祖籍淡水人目之為大傻瓜。」

「他供應子女與乞丐同樣食物，且要求先餵飽幼童始能進食，子女雖讀一等學校，制服破了，許補後再穿，絕不棄養換新……」

施乾的祕書朱流江以「大傻瓜」點出這名雷吼男子對收容者的深情，而有施乾這樣一名男子愛著這世界，也許是乞丐的幸運。但對施乾的家人而言，子女與乞丐同等食物，那持家的照子又該如何看待這一切呢？

再說，初來照子且連診間的榻榻米都不敢踏上。

那個晚上，照子熱好飯菜，燈光下等丈夫來歸。施乾文文的笑臉喚她照子，她亦柔順點著頭，但當施乾伸出手親撫她頭髮那一刻，照子如遭雷擊一樣跳起。

如果，他手上還帶著虱子怎麼辦？

一股不潔的想像電線走火般從髮間往她身上竄。縱然知道丈夫的手潔淨的像是他的心，但照子無法克制自己不去想像。

監禁的小窗。穢言者。膿瘡。體味。虱子與疥癬。流出的唾液一滴又一滴，聽不懂的語言，以及一雙雙赤亮赤亮不知打量什麼的眼睛。

敬啟者，最大的問題，也許在於溝通。要怎樣和那個原初的自己溝通，打從心底接受這一切。

那個夜裡，照子拿起剪刀，拈起長髮剪了又剪。過去在京都女傭曾經一齒一梳，如今一切都斷了剪去了。一如過去種種。

照子愈剪，陰影下燭火搖，她覺得那影子也在搖，髮裡有什麼在動。她牙一咬，蠟燭抓將過來就是一燒，頭髮盡成灰燼。

灰燼裡，一雙手伸出，是施乾。他臉上有愁容，深深凝望著照子。照子怎麼覺得，這表情裡帶著憐憫。但這憐憫，不是應該奉獻在愛愛寮嗎？什麼時候，照子還沒拯救別人，卻也必須讓人拯救？

照子這一急，眼黑腹疼，她急往廁所跑去。才低頭，腹下盡是汙血。

施乾不避汙穢，就著屋棚內僅有的光源為乞丐檢查起虱子來（上）。（台北市私立愛愛院 提供）

院民領取冬令救濟衣物（右中、右下、左下）。（台北市私立愛愛院 提供）

原來照子初來台灣，因為水土不服，以致罹患阿米巴痢疾。持續便血一週，後施乾施以「鴉片煙屑拌蜂蜜」之民間祕方，始告痊癒。

連送入口食用的，都是灰燼啊。

身心都遭受嚴峻考驗，那是清水照子一個人所經歷，無人知曉的，盡成灰燼的夏天。

痊癒後的照子努力表現出先生娘的模樣。「奧樣」，先生娘，愛愛寮裡乞丐這樣喚著她，她也努力要做到。但她知道，自己可能永遠也做不到。

原來，在照子之前，施乾先有了一名妻子，謝惜。那是真正的台灣女子，美麗而堅強。在愛愛寮草創初期為施乾貢獻出所有，乃至是生命。

很多年後，李登輝先生在一次訪談中提到：「阿輝十歲那年，淡水地區傳來一則『令窮者恨，令貧者痛』的消息……街坊爭相口傳：『施仔伊某死啊』……這位自結識到相知，進而攜手共創救濟生涯的『牽手』人，竟然先行謝世……淡水地區聞此噩耗而難過的鄉親們，不計其數……」

是這樣一名女子。照子從沒見過謝惜。但她知道，謝惜將一直在。她如何比謝惜愛，如何跟謝惜一樣愛。

那時候，照子唯一的安慰，就是走長長的鐵路，到不遠處製糖會社，會社屋頂有長長的炊煙，往自家方向吹，會社屋內，有說著日語的日籍員工，講家鄉的話，談起過往的故事。只是那鐵路一下就走完了，家鄉的事說了又說，聲音也終要沉默，但日子卻無止無盡。

照子從來不說。那封信從來沒寄出過。施乾默默讀著她的生活，自然把一切看在眼中。

他也沒說破，反而積極請照子替愛愛寮的居民上課。原來愛愛寮的宗旨是希望寮民能習得一技之長，不用手心向上便能自立謀生，乃至脫離乞丐身分，因此要寮民一起製作藤籃藤器、編竹篋等，賣出所得便歸與製作者，讓他們未來有謀生的資本，施乾知道太太手藝極好，便要照子為這些寮民們開設手藝班，教導裁縫、編草帽等手工藝給他們。

施乾又讓大家學做雞毛撢子，他去雞鴨店買雞毛和鴨毛，消毒後再拿藤條束縛上，完工之後，讓大夥兒邊唱邊走，沿街叫賣。

曾經執筆的手，比和紙柔細比粉櫻雪白，如今折起竹篋與藤枝，編罷竹籃繡女紅。一針一線，一竹枝一數數兒，全副專心在工作上，照子在工作裡忘了其他。

奇怪的是，專心的時候，明明彼此話說得少了，好像沒有交談。但工作完成的瞬間，和寮民們相識而笑，那一瞬間，照子覺得，彼此靠得這麼近。

在那一瞬間，有看不見的什麼，跟著被一針一線連接起來了。

而在眾多收容者中，最讓照子心疼的，便是幾位不及她半身高的小女孩。當照子隨口問：「妳的媽媽呢？」女孩仰著天真的臉孔回答：「我的媽媽在街上！」

「為什麼呢？」

「那是因為，媽媽的媽媽，也在街上啊。」

照子這才聽出來，原來小女孩一家三代都是乞丐。她忽然理解施乾為何變賣家產，全心為了陌生的窮苦人們謀福利。原來，繞了這麼一大趟路，她重新體驗施乾經歷的。但是，敬啟者，之後這一切，那不是因為愛著施乾而跟著愛這麼做。有些路，原來是因為自己想走。

而有些信，有些話，只有自己體驗過，才能夠寫下，才能夠說。

有報社記者至施乾家訪問。照子著台灣服飾，以一頭俐落短髮出現，不同於日本本島的長髮，那是這座島嶼那年最流行的款式。

記者問：「服裝是新做的嗎？」

清水照子且回答：「是之前太太留下的。之前的太太真是了不起，我想要模仿她，所以穿上她的衣服。」

施乾驚訝且帶著欣慰的眼神中，記者繼續問道：「已經完全變成台灣風格了呢。那頭髮也是嗎？」

施照子輕壓著那清爽得不得了的短髮，只有日子會更長，將來是怎樣全新的風景呢？她說：「這樣投入工作更方便。」

敬啟者，那一刻，便見證「乞丐母」的誕生。

一九四一年，太平洋戰爭烽火迫近，那個盡成灰燼的城市，幾次轟炸之下，恐怕真要成為灰燼了。那時日本軍隊為了防止腳氣病，在白米中摻入黑麥，這一黑白相間的大鍋飯，又分成兩種，軍隊吃過的，便拿來餵豬，軍隊沒有動而已經煮過的，便由施乾和照子出資買下，用蒸籠再蒸一次消毒後分給大家。

飯黏而爛，放久入咽讓人生膩。新來的收容者一吃常鬧肚子。但照子一家與收容者同吃同住，他們吃什麼，施乾也吃，照子跟著吃。戰事吃緊後，照子拿出自己的首飾以及過往積蓄，甚至連結婚戒指也變賣了，怎樣都要讓愛愛寮撐持下去。

再後來，連生活必需品都匱乏了。沒有棉被和厚衣物，照子便率寮民以麻布袋禦寒。那樣的年歲裡，一切克難從簡，好像連乞丐都絕跡了。但又並沒有真的絕跡。也許大家都是乞丐，照子和施乾仍然教導愛愛寮寮民要活出尊嚴。

這是愛愛寮又一個新時期的開始。敬啟者。此後會有很多關於照子的事蹟流傳。

清水照子親手幫新生的嬰兒洗澡。為垂死的嬰屍淨身。

清水照子幫乞丐剪指甲。

清水照子率領愛愛寮寮民們養豬、種菜、做手工藝，更教導寮裡孩童識字。

清水照子和施乾與乞丐同住，與乞丐同吃同睡，照子因此感染了灰指甲，皮膚炎。淨好白皙的手臂上爬滿藤蘿一樣的傷。好了又退，退了又好。

有些夜裡，照子會夢見京都，那裡有櫻盛放，初出廠的和紙有雪的色和花的香，猶是少女的照子臨窗寫信，敬啟者。一字一句，寫給那個還不知道在哪裡，但有一天一定會在的愛人。

如今她找到了嗎？

敬啟者。一度照子以為她已經找到了。施乾，那個必然的收信人。他們在戰爭年代相守著，並且以為這樣相守著，可以永永遠遠。

一九四四年，施乾因腦溢血逝世。

根據照子的長女回憶：「我記得那天傍晚三、四點，爸爸說他的身體很痛苦，回到房裡就倚靠櫥櫃倒下，等到醫生來，已經眼耳鼻流血，無法醫治……」

離世前，施乾拉著照子的手，殷殷交代，希望她能好好照顧他們的兒子。

敬啟者。清水照子在那一刻，卻想起初抵島嶼時施乾那句低語。

「請妳忍耐。」

好奇怪每次想起這句話，眼睛還是會溼溼的。但覺得那話不重了，裡頭因為有滿滿的疼愛，所以那麼輕。

在此後，沒有你的歲月裡。請妳忍耐。

施乾離開一年後，日本戰敗。輪船氣笛嗚嗚嗚響，港邊是絡繹不絕的人潮。是該回去了的時候嗎？愛的人已經不在了。國家也失敗了。我的責任是不是已經結束了呢？清水照子自問。

港邊是撤退的人潮，大街上歡欣與敗喪兩種情緒交織，連院民也感染這股氣氛，臨著高地，照子望向不遠處的愛愛寮，像初來時的第一眼那樣慎重而憂懼，這一眼，會是自己最後一眼嗎？

「先生娘！」一個聲音在她耳邊喚著。

「奧樣，奧樣！」然後是更多聲音。

「先生娘，請妳留下來。」那是愛愛寮中收容者的聲音。他們呼喊她的尊稱。這是照子少女時代曾經想像的那幅圖像，他們喚著她。但如今，那個與她比肩的人已經不再，敬啟者，此後，再沒有可以收信的人了。

「但如果連妳都不在，愛愛寮就要散了。」他們說。

照子這才驚覺，自己才是施乾留下的，給台灣的情書。只要照子還在，愛愛寮就會在。而只要愛愛寮還在，施乾就會繼續在。

輪船嗚嗚的汽笛聲中，最後一批日本人離開了。一九四五年，國民政府接收台灣。清水照子只得離開。一九四五年，清水照子歸化中華民國國籍，改名施照子，並擔任愛愛院院長*。院裡設有育幼、習藝、殘疾教養、婦女教養所等，收容行乞者、流浪者、殘疾人。至一九四九年已有兩百餘人。她冠上丈夫的姓，在丈夫的土地上活著。敬啟者。清水照子致信施照子，這一生不過是一封信，她換了姓，用自己的歲月，來回給那個心愛的人。

---

*從愛愛寮到愛愛院

愛愛寮是施乾先生於西元一九二三年創設的乞丐收容所，位於台北市艋舺綠町。草創初期，照顧乞丐三餐、提供乞丐居住、教導乞丐讀書、養成衛生習慣，並傳授生活技能，如：編草笠、草編鞋、養豬、種菜等，以培養乞丐自給自足的能力。另一方面，對於鴉片煙癮者、痲瘋病患、精神病患者積極予以醫療照護，是民間自辦的綜合性救濟院。然而，因收容的乞丐增多、籌募經費有限，施乾先生曾採會員制方式向商戶勸募，以分擔機構維持之經費。西元一九二八年，得日本宮內省的天皇御賜獎金及明治救濟會、台灣婦女慈善會、廣福會等捐助，增建院舍並兼設癩病患者隔離病室、精神病者收容室等。西元一九二九年三月，杜聰明先生曾至愛愛寮，為鴉片患者進行治療實驗。一九三三年愛愛寮由施乾個人事業，變更為財團法人「台北愛愛院」，並成立理事會，由日人金子光太郎出任理事長，施乾擔任首任院長。西元一九四四年，施乾因腦溢血辭世，院務由其妻清水照子女士續理，一九四九年起，配合政府政策收容行乞、流浪、殘疾、老弱、失依等院民，西元一九七六年更名為「台北市私立愛愛院」，一九九一年有鑑於社會孤苦老殘者日少，而要求自費安養者日增，故經董事會通過，報主管機關核准，兼辦自費安養業務，成為台北市第一家民間安養機構，西元二〇〇一年施照子女士病逝，由施武靖先生繼任院長，並於二〇〇四年起積極改建院舍，以打造更符合現代化的老人養護所。（資料來源：台北市私立愛愛院）

國民政府來了，國府大撤退，更多的人湧入這座城市。那些慌亂的歲月，乞丐多了起來。收容的院民有些說日語，有些則說阿山語。他們看到照子，二話不說先罵一頓。「我在東北殺鬼子，大老遠來到這座島，才不想吃鬼子的糧呢！」還穿著國軍制服的老先生大吼著。眼看又將有一場小會戰要在院裡開打，而照子只是微微笑著。聽不懂也罷，聽得懂也罷。聽不懂的話，對方罵著罵著也會有累的時候吧。照子的大度再次包容了一切。

明治過了。大正過了。昭和過了。平成過了。日本人去了，民國來了。時間過去好久了。日頭暗了又黑。太陽旗降下來了，青天上又升起白日。眼睛看不清了呢。聲音都小了，日語換做國語，照子聽不懂他們說的話，但他們都知道照子。他們都聽照子說話，雖然照子什麼都沒有說。只是默默地做。

此刻，九十幾歲的照子坐在庭院裡，腿傷，眼疾，耳重聽，但眼前確實有一封信在寫著，她深深回望那棟她度過半生的建築，如今兒子武靖接任院長，這之後，就算沒有她，愛愛院也能繼續經營下去吧。

沒有人跟自己說話，大概也沒關係吧。她默默想著，此致敬啟者。

這一封信，沒一個字，卻寫得這麼綿長。還會繼續長。

外婆過世後，子孫整理遺物意外發現一張日本男人的相片，才知原來那是外婆當年的未

一九四五年，清水照子歸化中華民國國籍，改名施照子，並擔任愛愛院院長。她冠上丈夫的姓，在丈夫的土地上活著（右上、左上）。（台北市私立愛愛院 提供）

愛愛院如今已成為現代化的老人養護所，中庭的「施乾先生紀念碑」讓人遙想當年他和照子的義行善舉。（右中：台北市私立愛愛院 提供；左中、右下：王漢順 攝影）

婚夫，是京都銀行家的富家公子，當時猛烈追求未擄獲外婆芳心，逃婚來台嫁給外公。外婆生前都沒說這段往事，只把照片偷偷收藏在五斗櫃……

——施乾外孫 洪子卿

乞丐之父—施乾
1944 施乾因腦溢血病逝，得年四十六歲。
施乾，西元一八九九年誕生於滬尾今臺北縣淡水鎮，畢業於滬尾公學校與臺北工業學校，一九一九年擔任臺灣總督府殖產局工課技手，時年二十二歲的施乾在臺灣總督府擔任公職，奉派調查艋舺地區貧民，從此開啟他對乞丐社會的了解，也改變了他的一生。
受到當時兩位著名的日本宗教家西田天香與賀川豐彥的影響，人道主義思維深植施乾內心，就如施乾在著作中所言：「我願自始至終以如此熱情勇往邁進，我深知利己之極必將變成利他，而利他的徹底將成為利己之理，只有如此，所有貧民、乞丐，將被溫暖的手所救濟。」於是，施乾毅然辭去公職，將人道主義理念轉化為社會改革的力量，獨力創辦愛愛寮，收容並照顧乞丐，更撰寫《乞丐撲滅論》、《乞丐社會の生活》等書籍宣揚其理念，以社會行動來達成乞丐救濟及社會改革的目標。
一九三四年施乾與日本女子清水照子在京都神社結婚，婚後兩人齊心力行照顧愛愛院的乞丐與病患，深獲院民與地方人士敬重。不過，施乾並不認為自己想做救濟事業，而是儘可能透過教育，協助社會底邊人有自力更生的能力、恢復生命尊嚴，重回社會過正常人的生活，讓日治時期的台北少了乞食者身影，多了無私奉獻的大愛故事。
京都來的乞丐母—清水照子
清水照子，西元一九一〇年誕生於日本京都，父親為京都和紙批發商，家境富裕。清水照子畢業於京都私立二条女學校，透過鄰居施秀鳳女士提起堂兄施乾先生創建愛愛寮、照顧乞丐的事蹟，感佩施乾先生的德行，與其通信往來一年多。一九三四年在京都與施乾結婚，婚後來臺定居，協助照顧愛愛院院民，投入社會救濟事業，艋舺地區居民都稱她為「乞丐母」。
一九四四年施乾先生因腦溢血驟逝，清水照子一肩扛起愛愛院的重擔。一九四五年台灣光復，日本人被遣送回日本，照子女士不願捨棄二百多位院民及施乾遺子，毅然決然歸化為中華民國國籍，並改名為施照子，繼承施乾志業。一九七六年愛愛院更名為臺北市私立愛愛院，收容孤苦無依的老人，一九九一年更兼辦自費安養業務，使愛愛院成為臺
愛愛院院史
1923 施乾以自己所有的財產於綠町購買土地，向大伯施坤山募得木料蓋屋，正式成立乞丐收容所愛愛寮，並擔任首任院長，此時計收容約三十位乞丐。
1928 愛愛寮獲日本宮內省的天皇御賜獎金。
1929 連續八年獲日本宮內省頒發事業獎助金伍佰元。
1933 由施乾個人事業，變更為財團法人臺北愛愛院，並成立理事會，由日本人金子光太郎先生出任理事長，施乾擔任首任院長。
1944 愛愛院院民就院原因：貧困、疾病、老衰、盲、痲藥中毒、鴉片癮、啞、兒童、要監護精神病、非監護精神病者，計本島人二一一人、內地人十七人、中華人十六人，合計二四四人。
1945 臺灣光復，清水照子歸化中華民國國籍，改名施照子並擔任愛愛院院長。
1947 向臺北市政府辦理立案登記，三十六年一月六日頒發北市民社字第八〇四號證書，改名為財團法人臺北愛愛院，臺北市參議會議長周延壽邀集熱心人士組成董事會，出錢出力並協助院務。
1949 遵照政府法規，組成私立臺北市愛愛院內設育幼、習藝、殘疾救養、婦女教養四所，收容行乞、流浪等補入院民一八二人；貧困、殘疾、老弱、失依等介入院民五十九人；撫養、無居等請求住入院民一十四人，合計二五五人。
1952 配合政府統一全省公私立救濟院名稱，易名為私立臺北市愛愛救濟院，以收容流浪街頭的乞丐和貧困病患為對象。
1959 遵照政府法規，重新辦理財團法人登記，成為「財團法人臺北市私立愛愛救濟院」。
1963 配合政府政策，收容醫院久治不癒、無法退院之殘疾老人，停辦育幼所，改為養護所。
▲施乾先生像
▲日治時期愛愛院全景
▲日治時期愛愛院院景
▲院民領取冬令救濟衣物
▲早期院民日常休閒
▲早期院民生活起居室

（王漢順 攝影）

有愛他鄉亦故鄉。

8

來自越南的新住民

嚴沛瀅

◎須文蔚

嚴沛瀅擔任志工，從事基層的翻譯、教學與文化交流的工作……她說：「我覺得自己有如一顆小星星，希望能在天空的角落一直發光。」

（王漢順 攝影→）

佳作
優勝
THE GENERAL OFFICE FOR POPULATION & FAMILY PLANNING
DÂN SỐ - KẾ HOẠCH HOÁ GIA ĐÌNH
MINISTRY OF HEALTH, S. R. VIETNAM

人物小傳

嚴沛瀅（一九七六年～），出生於越南，十九歲與在越南工作的台商朱繼濤先生相識相戀，一年後嫁來台灣，育有兩個女兒——朱綺婷與朱玉絢，兩人在校成績優異，乖巧孝順。沛瀅積極參與政府機關舉辦的各項新住民活動及研習班，更協助各機關會議、短片、配音等翻譯，參與各機關、公司越南語教學講師及演講，擔任多個越南語廣播節目主持人。榮獲台北縣九十七年（二〇〇八年）新住民親善大使及家庭幸福美滿獎，並獲邀參加馬英九總統的「治國週記」，分享傳承越南文化的經驗。創辦「台灣新移民文化交流協會」並出任理事長，推動各項新住民的交流與文化活動。目前受聘到移民署台北服務站，在第一線服務新住民。

（王漢順 攝影↑→）

小女嬰神奇的一笑

嚴沛瀅出生在越戰結束後的翌年，喜的是，父親可以不用再為了躲避美軍或南越軍隊的拉伕，動輒要躲進茅房夾層的洞中，無法正常工作養家；憂的是，戰爭讓素有小巴黎之稱的胡志明市殘破不堪，百業蕭條，民眾苦不堪言，醫院中經常發生棄嬰的悲劇。

她出生後第二天的中午，父親帶著大哥到母親的床邊說：「是女孩，不如留在醫院吧！」母親含著眼淚，緊抿著嘴，面對生活的重擔，也不知該如何是好。

這時候調皮的哥哥走近嚴沛瀅，伸出食指，逗弄嬰孩臉龐，笑說：「來，笑一個，就抱妳回家。」是急著想回家？或是哥哥的手指促動了神奇的反應？小沛瀅竟然牽動嘴角，對著愁苦的媽媽笑了起來。哥哥跳了起來：「妹妹笑了，妹妹笑了！」

媽媽抬頭懇求丈夫：「畢竟是自己的骨肉，那就……」話沒說完，臉龐滑下了眼淚。

年少時逃避日軍鐵蹄，從廣東出洋，一個人到越南打拚的父親，堅毅地點著頭，就讓歡欣的哥哥帶著嚴沛瀅回到狹仄的家中，七個孩子和父親打地鋪，只有小嬰兒和媽媽睡在木板床上。

父親堅持孩子不能忘了華語，在家聽收音機，總是廣東話或普通話的電台，父親一面摺著紙盒，一面哼著鄧麗君的歌或粵劇，父親的鄉愁，是她最早的中國印象。母親過世後一年，嚴沛瀅進入由華文學校改制的小學，原本的中文課程與教材大幅縮水，保留給華人子女的母語教學剩下一週一節，而且來自台灣的教材改為中國大陸的，看著簡體字，讀著胡伯伯和毛主席的故事，則是她正式中文教育的開端。

嚴沛瑩出生在越戰結束後的翌年，戰爭使百業蕭條，民眾苦不堪言，醫院中經常發生棄嬰的悲劇；幸而生活的艱難，並未離散了一家人。（嚴沛瑩 提供）

學華語，也為越南的華人開啟了一扇窗。在越南統一初期，許多富有的華人搭船逃亡，海上漂流與遇難的悲慘故事，像風一樣穿梭在每一戶人家。一九八〇年代學會華語的下一代興起了另一波偷渡風，二十歲出頭的二姊笑杏就帶著小哥哥，搭車往北走，目的地是東方明珠——香港。

沛瀅記得，二姊到河內以後寄回一封信，從此就音訊渺茫。每天放學回家時，第一個念頭就是去翻信箱，信箱總像胃口好的噬信魔，一封信件也不留給焦慮的親人。有孩子同行的鄰居也會來詢問：「笑杏有沒有寫信回來？」更加深了大夥的憂慮，畢竟很多人一去就音信全無。

一個月以後，二姊終於從香港的越南難民營寄來一封信，說明一行人偷渡過中越邊界後，輾轉到廣東，已經渡海到香港，暫時安頓在難民營中。這是一家人離散與飄零的開端，先是二姊轉往菲律賓，最後落腳到澳洲，後來四姊也移民美國。小哥哥則一度回到越南，現在又遠赴加拿大定居。只是年少的沛瀅沒有想到自己也會離開父親，離開故鄉，遠嫁到台灣。

放下書包去上班

嚴沛瀅在中學時選修了中文，所以當朋友介紹她進入台商開辦的「台商工程公司」擔任會計兼翻譯，月薪只有三十塊美金，還沒有畢業的她，完全沒有考慮文憑的問題：「想到能貼補家用，我放下書包就去上班了。」

青春年少的嚴沛瑩。（嚴沛瑩提供）

朱繼濤先生擔任工務經理，和當時十八歲的沛瀅相差十六歲，他像大哥哥一樣疼愛著中文說得不太流利，經常微笑，工作認真的小妹妹。朱先生總是很體貼地用摩托車接送她上下班，不懂得浪漫的他，追求沛瀅的方式十分務實，送她摩托車和行動電話，讓小女孩一下子麻雀變鳳凰，在堤岸的華人社區裡可說是人人稱羨。

當朱繼濤向沛瀅求婚時，從沒談過戀愛的她很惶恐，心裡有個聲音問她：「初戀就步入結婚禮堂，會幸福嗎？」

阿舅也質疑：「朱先生三十開外都沒對象，會不會有問題？」中學老師更不放心地追問；「沛瀅，妳了解台灣嗎？妳了解台灣人嗎？」朱繼濤的誠懇與忠厚消解了所有的疑問，認識不到一年就結婚了，嚴沛瀅表示：「我覺得我找到愛我的人，當時好年輕，很像台灣俗話『青瞑牛不驚槍』。」她就勇往直前，往一個陌生的國度──台灣飛去。

在台灣辦完婚禮，嚴沛瀅回到越南的工作崗位上，沒多久就懷孕了，先生有天提議：「要不要趁過年，回台灣待產？」

「可是你還要在胡志明市上班，我一個人在台灣……」

「不要擔心，有媽媽照顧，我比較放心，而且台灣的工資比較高，至少一個月超過一萬五千！」

來台後成為全職家庭主婦的嚴沛瀅甜蜜地說：「後來我覺得先生騙我，來台灣以後，從來沒有領超過一萬五千元以上的月薪。」嚴沛瀅從來沒有領略過的還有一個家，一份突如其來又滿盈的福氣。

當越南媳婦遇見台灣婆婆

嚴沛瀅二十歲那年，懷著七個月的身孕，和必須留在越南工作的先生道別，一個人從家鄉胡志明市飛到台北時，心裡的不安、忐忑和擔憂，就和腹中的胎兒那樣暗暗地、悶悶地活蹦亂跳起來。

台灣和越南真是大不相同，新媳婦入門有太多的不理解。

在越南，家人不但穿著鞋子進門，夜晚時連腳踏車、摩托車都牽進客廳。可是台灣人真奇怪，地板明明都已經一塵不染了，為什麼連一根頭髮都不能留，小媳婦總有擦不完的地。

在越南，家中飯菜很單調，不夠八個發育中的孩子分食，從小讓佛堂養大的嚴沛瀅，唯一的零食就是信眾奉養菩薩的水果。可是台灣人很奢侈，煮個火鍋總是五花八門的火鍋料，各式各樣的肉片與海鮮，每餐總有許多吃不完剩下的湯與料。

在越南，一個爐灶管燒水、煮飯與炒菜。可是台灣真麻煩，熱水有開飲機，煮飯用電子鍋，炒菜用瓦斯爐，加熱食物有時用微波爐，有時用電磁爐，有時用烤箱。婆婆好像能看穿她不會使用的窘迫，總是如影隨形地在嚴沛瀅身後提醒她，讓她倍感壓力。

壓力經常會易容與變形成怨懟，加上語言溝通不良，嚴沛瀅笑著說：「偶爾會覺得自己遭到歧視與輕視，覺得教人當作是『越勞』。」所幸嚴沛瀅自小就樂觀，正面思考總能戰勝負面情緒，細細體會出婆婆的愛。

在嚴沛瀅五歲的一個凌晨，媽媽幫尿床的她換上了乾淨的衣褲，突然的疲倦、心絞痛與暈眩襲來，媽媽頹然倒下，直到清晨，預備和朋友去歡慶四月三十日國慶日的哥哥，赫然發現母親的小腿無力懸在床邊，急救無效，媽媽就此拋下了八個孤苦的孩子，回到佛祖身邊。

自小失怙，婚後一年，父親肺癌過世。她說：「我沒有爸爸、媽媽，公公和婆婆就是我的父母。」她尤其珍惜婆婆的陪伴，雖然有時也對過多的愛感到有些招架不住。

婆婆從嚴沛瀅到台北待產開始，到坐月子期間，各式補品就沒有中斷過，她總說：「要補，要補，妳要白白胖胖的，這樣才有面子。」原本又黑又瘦小的小媳婦，體重從原本三十九公斤，竟然飆高到六十公斤。

婆婆密不通風的關心，讓剛從越南來的她有些吃不消。像是坐月子期間婆婆搬出了諸多禁令：不能喝涼水、不能洗頭、不能吃冰的水果等等，都是越南媳婦聞所未聞的。甚至一天一付腰子，還要她在一週內吃下一整隻雞熬煮的「雞酒」，讓不勝酒力的嚴沛瀅腸胃翻攪，她一度大哭過。但是經過婆婆解釋，台灣的風俗中，整隻雞是「有頭有尾」的好兆頭，天天有雞，則是與「起家」諧音，祝願小媳婦齊家興旺。雖然畏懼麻油教人上火，嚴沛瀅還是耐心喝下婆婆滿滿的愛心。

綺婷和玉絢兩個女兒先後誕生，沛瀅當專職的媽媽，婆婆放心地把持家的工作交給她，也給了她獨立的空間。她說：「照顧自己的家，才知道婆婆的叮嚀多重要。」有一次飲水機忘了添水，等她傍晚回家時，看見煙霧從窗戶中飄出，她趕緊進屋扯掉插頭，差一點就造成電線走火。而真的讓她感受到婆婆的慈愛，則是在她家門發生的一起事故。

在沛瀅家樓上住著一位嫁給日本人的太太，因為同樣都是異國婚姻，沛瀅會偷偷觀察他們小倆口是否幸福快樂？不過兩位太太從沒打過招呼，樓上的太太總是冷著一張臉。據說

兩人相差十六歲，但朱繼濤的誠懇與忠厚消解了所有的疑問，認識不到一年，他們就結婚了。嚴沛瀅很珍惜這個台灣的家。（嚴沛瀅 提供）

她隨著先生回日本的婆家住了一陣子，返台後臉色更為陰鬱。竟然有個下午想不開跳樓，所幸先撞上了二樓的遮雨棚，減緩了衝撞的力道，並沒有斷送性命。

推著玉絢去散步的嚴沛瀅回家時，驚訝地看到警車停在巷口，鄰居遠遠地高喊：「朱太太，警察找妳。」

嚴沛瀅心頭一緊：「是家裡的老人家出事嗎？」

到了家門口，警察很客氣地要求製作筆錄，詢問有關傷者的家庭與精神狀況。慢慢的人群散去，救護車與警車也一一離去。當四下無人時，嚴沛瀅赫然發現門前有一灘血，讓人看得難受。她回屋裡，把孩子哄睡，打電話給婆婆說了剛剛經歷的變故，婆婆很快就趕來幫忙照顧小孫女。

沛瀅想在大女兒綺婷從幼稚園回家前將血跡清洗掉，她用了許多桶水，怎樣也洗不掉。她愈洗愈害怕與不安，望著殷紅的地面，無助地發愁，這時聽見身後婆婆說：「這麼讓人害怕的環境，還是換個房子吧！」

沛瀅深呼吸了一口氣，回過頭來看著如此疼愛家人的婆婆，好想給她一個擁抱！

許多婆媳間的觀念差異，一轉身，一轉念，常常會有不同的想法。過去婆婆常會要她從越南帶一些伴手禮，像是芝麻餅、越南咖啡或魚露，這些土產有什麼好？她完全不了解。過去婆婆每當有朋友來家裡拜訪時，總會交代她去煮越南咖啡，她看著大夥談笑風生，而小媳婦又要照顧孩子，又要照應熱水，總覺得很是麻煩。

不只怕麻煩，由於國語說不好，剛到台灣時，總是不願意承認自己從越南來。嚴沛瀅說：「從前婆婆要我做越南的事，我覺得不開心；反而是要我做台灣菜、點心，我會覺得很光榮。」但當她理解到婆婆一直以有個越南媳婦為傲時，換個想法，所有和越南相關的事情，彷彿都發光了。

以母語為孩子建立新故鄉

嚴沛瀅回想起年少時，每個暑假，爸爸都會找家庭教師來家裡教孩子華語，父親總說：「再貧窮也不能讓下一代忘了根本！」所以打綺婷牙牙學語起，就開始教她講越南話，希望女兒學會媽媽故鄉的語言。

當女兒開始上學，總覺得媽媽太年輕，看起來像姊姊，在家長會前會對沛瀅說：「媽媽，妳要坐第五排以後喔。」嚴沛瀅心裡想：「要讓我的女兒知道，我可以跟其他媽媽一樣。」所以在二〇〇七年，她主動到安和國小找輔導處洪主任說：「我可以教越南語，如果有機會的話，我們可以開一個越南語班，教小朋友說越南話。」洪主任認為母語教學本來就應當擴及新住民的母語，於是很熱心協助設班，爭取資源與經費，孩子有機會每週都能從單字、句子、故事或童謠裡，慢慢貼近越語。

安和國小的越語班是一粒種子，她認真備課，也四處幫新住民翻譯，開始有其他國小、社區大學、台北市政府、伊甸基金會、善牧基金會等單位邀請她開設越語課程。最有趣的是二〇一〇年移民署為了提高公務員外語溝通能力，提升服務品質，署長謝立功還以身作則，成為移民署越南語研習班第一期班長，與近六十位同仁一起研習越語，讓她感動不已。謝立功指出，根據統計資料顯示，截至二〇一〇年二月底止因婚配而來台灣的新住民人數，除大陸、港澳地區外，外籍配偶計有十四萬多人，其中越南籍配偶高達八萬人，占總數一半以上，他很期待站在第一線的公務員能聽得懂簡易的越南語，也能用越語問候，讓來洽公的越南新住民感覺親切，自然能縮短彼此的距離。

嚴沛瀅經常回憶起在越南讀到過一句話：「語言就是一把萬能的鑰匙，它可以開啟任何種族文化的大門。」那麼她從越南帶來台灣最珍貴的嫁妝就是語言，怎麼才能把這把鑰匙交給下一代？她愈來愈覺得自己責任重大，如果有更多孩子學會母親的母語，那麼只要回到越南、印尼、泰國或馬來西亞的外婆家就可以進行國際貿易、承包工程或是參與建設，台灣未來就會更有競爭力。她總不會拒絕越語與多元文化的演講邀約，接受過超過五十所各級學校的邀請，希望能讓各界更重視新住民母語與文化的傳承。

從志工到廣播天地

嚴沛瀅更常運用嫻熟中、越語的專長，協助自己的同胞、自己的姊妹走出困境，無論是擔任志工、通譯或是主持廣播節目，都讓她走出家庭，實現理想。

二〇〇二年前後，鄰居有位越南姊妹和丈夫前妻生的孩子處不來，連摺衣服、飯菜的口味都可以爭執不休，還幾度吵架吵進派出所，兩造雞同鴨講，管區只好請嚴沛瀅來翻譯。後來這位姊妹在網路上看到伊甸福利基金會的服務項目中包含「新住民」，想尋求諮詢，又擔心中文不流利，就拉著沛瀅去，讓沛瀅和社福團體牽上了線。

嚴沛瀅打趣地說：「伊甸的主管說既然妳這麼閒，有空就來幫忙吧。」於是當孩子去上

嚴沛瀅一家人。
（王漢順 攝影）

學的空檔，她就到伊甸基金會協助口譯、書譯等工作，甚至一些活動需要協助包裝禮物與電話拜訪，她都抽空前往。剛開始和絕大多數的新住民一樣，公公、婆婆總是反對她們拋頭露臉，嚴沛瀅十分感動地說：「還好我先生去說服了公婆，讓我出去有點事做，不會在家那麼空虛。」

當志工是沒有酬勞的，可是老天爺總會眷顧她，過去投履歷給許多翻譯社都石沉大海，沒想到仲介公司、法院、政府機構或其他社福團體有翻譯工作都會找上她，常常有些小額的收入貼補，讓她感覺自己不至於和社會距離太遠。

二〇〇四年因為先生返回越南工作，她一度回越南住了一年多，接觸到親戚從事美容美髮業，閒不下來的她，在二〇〇五年返台定居後，就到救國團學剪髮和美容，用功的她取得了美髮的丙級執照，更接近經營美容沙龍的夢想。不過，等到接觸了美髮業早上十點開門，非要等到晚上十點才能休息，完全無法照顧兩個女兒和家庭，她就毅然返回家庭。嚴沛瀅笑說：「我一手好手藝，就只發揮在為婆婆、先生和女兒修整頭髮上。」

另一次返回職場的經驗則更短暫，外傭仲介公司發現她翻譯很迅速與可靠，於是邀聘她。上班沒多久，在文書工作之外，經常要協助翻譯外傭、雇主或仲介的爭議，過去當志工時，能夠幫助弱勢的兄弟姊妹，而要轉換到資方的立場，讓她心裡很不舒服，幾經思索，她還是離開了仲介公司。老天爺沒讓她閒下來，台北勞工教育電台透過伊甸找她開節目，希望能讓越南的新住民或勞工有收聽母語節目的機會。

嚴沛瀅雖然沒有製播廣播的經驗，但想到可以用母語發聲，不假思索，在二〇〇五年開始，她就接下「寶島湄江情」節目的主持棒。為了準備節目的資訊，她要努力翻譯新聞，

嚴沛瀅希望女兒學會媽媽故鄉的語言，主動爭取到安和國小教越南語。之後開始有其他國小、社區大學、台北市政府、伊甸基金會、善牧基金會等單位邀請她開設越語課程。（右上、右中：嚴沛瀅 提供；左上、下：王漢順 攝影）

好讓沒有機會接觸越南語新聞的鄉親了解世界重要大事，提醒大家在台工作的權益與保障。她覺得最辛苦但欣慰的工作是回信，只要有越南聽眾來信，她總會一封一封回覆，如果是她無法解答的爭議，熱心的沛瀅總會積極地找尋學者、專家或政府部門協助解答。

不過節目開播三年，二〇〇八年台北勞工教育電台轉型為台北都會休閒音樂電台，她很擔心「寶島湄江情」節目會面對停播的命運。不服輸的嚴沛瀅心想：「新住民應當要有自己的節目。」她於是向好幾個電台投石問路，希望能開設越南語節目。很快地，她陸續接到兩個電台的回應，於是她在寶島客家電台主持「幸福城市、我們的家」，以及到台灣廣播電台重新開設「寶島湄江情」節目，繼續用她柔美的聲音，為越南新住民在空中搭起走向幸福的橋樑。

偷學的孩子成績比較好！

不服輸的嚴沛瀅其實還和學歷奮戰不停，從二〇〇六年開始，沒有高中文憑的她，開始到空中大學修課。嚴沛瀅說：「空大入學從寬，考試從嚴，真是名不虛傳。」剛開始修課的前幾年，經常有兩、三科被當，一學期完全拿不到學分的慘況完全沒有擊潰她的信心。她再接再厲，專心收看課程節目，認真寫報告，努力準備考試。她有些興奮地表示，最高紀錄可以同時修五科，一學期取得十四個學分。

努力了六年，雖然距離畢業還有一段距離，經過高人指點，她把已經修得的八十個學分轉到「空中專科進修學校」，先取得了副學士，也就是二專的學歷。嚴沛瀅很堅定地表示，

嚴沛瀅運用嫻熟中、越語的專長，協助自己的同胞、自己的姊妹走出困境，無論是擔任志工、通譯或是主持廣播節目，都讓她走出家庭，實現理想。（嚴沛瀅提供）

她不會停下努力的腳步，會朝下一階段努力。她說：「台灣是一個容許自由生活，給予生存、成長機會的地方，我像是跟著流水而生，自然地就能夠進步與成長。」

嚴沛瀅在順境中固然是順流而下，在逆境中她總有著逆流而上的毅力。她彈得一手好揚琴，卻從來沒有拜過師、學過藝，完全是在越南時偷偷學會的。

在越南富有的華人，住別墅、聘傭人、出入有車，閒暇時學國樂，提升少女的氣質，讓小沛瀅羨慕不已。年幼時，她下了課就到佛堂打掃、搬柴、洗碗，順便吃午餐。經常會有優雅的少女來佛堂找老師學揚琴，小沛瀅就在旁邊側耳聽，回到家用兩根筷子模仿琴竹，把桌面當作琴身，複習剛剛聽來的〈夜深沉〉、〈醒獅〉或〈金蛇狂舞〉，旋律在她腦中流竄，可憐的父親只聽得到節奏，覺得都是噪音。拗不過她學習的熱誠，把家中閒置的老爺摩托車賣了一錢黃金，換來一檯中古的揚琴。

沒有正式的拜師，也繳不起學費，就在佛堂「旁聽」，卻學得很上手。揚琴老師總笑著說：「學任何事情，偷偷學的人總是有比較好的成績。」短短幾年間，除了傳統的國樂曲目能演奏，越南民謠或是國語流行歌曲只要聽熟了，琴竹在弦上一敲，旋律與和聲就能飛揚起來。

幼年所學，終生不忘，揚琴的演奏方法，到今天嚴沛瀅都還牢牢記得，但不太有表演的機會。而正是這一份熱愛音樂的心，在二〇〇六年，朱宗慶打擊學團與劇作家汪其楣合作推出「聆聽・微笑」音樂會，嚴沛瀅也應邀朗讀〈遣返者的日記〉、〈阿婆與寶寶〉兩首越南詩，和樂團一起演出，表達新住民與外勞對台灣的憧憬、恐懼，以及對家鄉的思念。

嚴沛瀅很珍惜這次演出的機會，汪其楣老師是很專業與嚴格的導演，接受汪老師的指

嚴沛瑩在順境中固然是順流而下，在逆境中她總有著逆流而上的毅力。比如到空大修課，或是應邀與朱宗慶打擊樂團一起演出。（右、左上：王漢順 攝影；左下：嚴沛瑩 提供）

導，讓她不再害羞與畏懼大場合，能夠勇敢登上大舞台。而命運也正安排她要躍上大舞台，為更多的新住民謀福利。

新住民的最佳代言人

二〇一一年馬英九總統在總統府接見嚴沛瀅，希望傾聽新住民代表的建議，藉由「治國週記」節目的上網播出，好讓人們多認識新住民媽媽，未來才會多提供交流、工作的機會，使新住民有能力為社會做出更多的貢獻，有信心找到自己的一片天。甜美的嚴沛瀅穿著越南傳統服飾，優美而典雅，展現出她的自信。

在馬總統擔任台北市市長時，嚴沛瀅就在新移民會館當志工，參加活動時接觸過馬市長，也在其後多次越南官員來台交流與拜訪時，為馬總統與外賓擔任翻譯。她當面向總統為新住民提出一項願望，開辦於二〇〇五年的「外籍配偶照顧輔導基金」將於二〇一四年到期，希望政府能夠續辦下去，輔導、照顧與服務更多加入台灣的新住民。馬英九總統當面允諾，會請內政部研擬持續辦理。

許多新住民的語言課程、成長活動或是服務工作，都經常因為缺乏有系統的規畫，三日打魚，兩日晒網，顯得短期與零碎。為了改變這個現象，九十位外配姊妹和國人配偶集結起來，二〇一一年十二月三十一日在台北市新移民會館籌設「台灣新移民文化交流協會」，推選嚴沛瀅擔任創會的理事長。

嚴沛瀅把協會的創辦視為一個小小的出發點，期望新住民都能儘快融入台灣社會。她

馬總統擔任台北市市長時，嚴沛瀅就在新移民會館當志工，參加活動時接觸過馬市長，也在其後多次越南官員來台交流與拜訪時，為馬總統與外賓擔任翻譯。（下：嚴沛瀅 提供；其他：王漢順 攝影）

說，生活周邊有幾位姊妹，因為不適應本地的生活，無法與家人和睦相處，一旦負氣就離開家庭，日後多半過著艱辛坎坷的生活。如果協會能強化姊妹之間的交流，來幫助更多新住民消弭生活或文化上的落差，應當可以避免同樣的悲劇再發生。

嚴沛瀅更用行動提醒台灣民眾，新住民有著不同的信仰與世界觀。台灣人遇到喪事、墳墓或殯儀館，總是避之惟恐不及，但「台灣新移民文化交流協會」卻勇於到公墓當志工，服務清明掃墓的民眾。嚴沛瀅說，越南習俗中對喪事比較沒有忌諱，如果鄰居、朋友家中有喪事，大家都很願意協助，不僅可積陰德，也能將惡運帶走。當嚴沛瀅和許多新住民朋友的身影出現在公墓中，許多前往祭拜祖先的民眾，剛開始感到不可思議，但體會到新住民的熱誠，也就慢慢思索彼此觀念的差異，讓新住民朋友更快融入台灣社會。

「我覺得自己有如一顆小星星，希望能在天空的角落一直發光。」嚴沛瀅謙卑而堅定地說，雖然自己學歷不高，但願意擔任志工，從事基層的翻譯、教學與文化交流的工作，不要擔心自己是否身處弱勢或窮困，在台灣只要不計代價付出，一定會結交到志同道合的好朋友。

嚴沛瀅在二〇一三年受聘到移民署台北服務站，在第一線服務新住民，讓她更充滿活力與熱情。她相信，只要新住民相互提攜與努力，加上有著家人的愛與朋友的情，他鄉也就很快變成故鄉！

（王漢順 攝影）

一度，我們夢見我們是陌路人。
我們醒來時，卻發現我們正互相親愛著。

——泰戈爾．《漂鳥集》

（王漢順 攝影）

博物館館長
與他的多情公主。

9

來自荷蘭的表演藝術工作者羅斌

如果說從事偶戲研究是一則從夢境而來的預言，那麼羅斌與東方的牽絆則更像是一種現實中的命定。

◎廖宏霖

（王漢順 攝影→）

燕窩
聯成
烏魚子
からすみ

人物小傳

羅斌（Robin Ruizendaal，一九六三年～），荷蘭萊登大學漢學博士，現任林柳新紀念偶戲博物館館長暨台原偶戲團團長。羅斌在大學期間，受到了中國戲曲課程的啟發，開始了中國傳統戲曲的研究，之後更以福建與台灣地區的偶戲為主要研究對象，從事偶戲研究已超過二十年。一九八六年羅斌前往中國廈門進行偶戲相關的田野調查；一九八九年由於天安門事件，遷往雲南從事服飾業買賣；一九九〇年，羅斌回到荷蘭，同年秋天結識來自台灣的亦宛然掌中劇團，並下定決心要前往台灣這座東方的小島；一九九三年，羅斌如願定居台灣，並積極推動傳統偶戲的展演與相關的文化活動，先後參與過樹火紀念紙博物館與台北偶戲博物館的籌備工作；二〇〇〇年，在台原藝術文化基金會及民間力量的支持下建立了大稻埕偶戲館，並逐步與林經甫醫師及工作團隊共同成立林柳新紀念偶戲博物館與台原偶戲團。五年內推出二十幾檔的展覽活動，其監製的偶戲作品，也逐漸建構出獨樹一幟的藝術品牌，帶領團隊遠赴歐洲、中美洲、港澳等地演出與交流，將台灣的文化推廣至世界各地。

（王漢順 攝影↑→）

床邊的偶戲

「小時候在荷蘭都是看電視，我對偶戲最早的記憶，是三歲的時候看的電視節目。」羅斌回憶自己初次的戲劇啟蒙，這樣說道。

他對於電視節目裡一組小猴子、小男孩的角色印象特別深刻。五十年前的荷蘭，兒童節目就已經做得相當好了，內容總是充滿創意與想像力，深深地吸引住每一個小孩童稚的心靈，而這也是為什麼羅斌會在很小的時候就陷入那一場如真似幻的「偶戲之夢」。

那一年，羅斌三歲，也許四歲，和家人一同前往德國旅行，照理說那樣年紀的小孩，還在練習控制感官與記憶，對於所經歷的事情，常常像是在水面上寫字那樣，無法確切地留下輪廓清晰的印象，不過那一個晚上，的確有某件事，彷彿重物那般深深地沉入羅斌的意識之海，並且留下深刻如一道海溝那般的印象。

那次的德國之行一開始並不順利，整個行程不僅都是在下雨中度過，還遇到了當地難得發生的大淹水，原本預定的行程與旅館都被打亂了，羅斌和家人在奔波中終於找到了一間朋友的房子暫住。三歲的羅斌也許還沒意識到旅行是一件什麼事，就先知道了「安頓」的意義。

那天晚上，小羅斌和父母道過晚安，一個人躺在床上，卻還沒有想睡的念頭，滿腦子都是這幾天所看過的新奇玩意兒，這是他第一次出遠門，他隱約知道這是一個離家很遠的地方，路上的人也說著他不熟悉的語言，不像是他剛學會聽懂的荷蘭語，這個地方的語言聽起來好像是碗筷或金屬那一類的東西相互碰撞的聲音。他忽然很想用剛學會但卻不太熟練的荷蘭語和人說話，分享這些那些他做為一個三歲的小孩，在這趟旅行中的所見所聞。

也許就是這一股在陌生國度裡想說話的衝動，讓三歲的小羅斌，把在荷蘭電視節目裡，天天與他朝夕相處的偶戲角色，就像是小孩子常常會有的「隱形朋友」那樣一起帶來了德國。在時鐘滴答滴答不停流逝的節拍聲響中，他看見了那些布偶不知道從房間的哪個角落裡冒出來，沿著他的床邊一擺一擺地搖動晃蕩著……

雖然那是羅斌三歲時發生的事，不過所有的情景依舊歷歷在目，好像閉上眼睛，再下一秒，床邊的布偶就要爬上自己的腳邊。他不確定那時候的自己是恐懼的心情多一些，抑或是驚喜的心情多一些，他只記得那些無人操控的布偶，一具具像是擁有自己的生命與意志一樣，圍繞在他的床四周，他沒有感覺到任何惡意，他甚至不知道這算不算是一場惡夢。最終，他忘記自己究竟有沒有和他們說話，這些從家鄉來的布偶，是不是也被突如其來的雨季，打亂了行程？

這一幕彷彿夢境般的恍惚經驗，預言了羅斌未來的偶戲人生。

從東方漂流而來的房間

如果說從事偶戲研究是一則從夢境而來的預言，那麼羅斌與東方的牽絆則更像是一種現實中的命定。

這一切要從他沒有血緣關係的祖父說起。（這位「祖父」雖然和羅斌沒有血緣關係，不過因為關係相當密切，因此羅斌叫他「opa」，也就是荷蘭語「祖父」的意思。）羅斌的祖父在年輕時曾長期待在「爪哇・中國・日本」航線的荷蘭遠洋商船上工作，甚至最後還當上了船長，在印尼定居。一直要到了一九四五年二次大戰結束，整個亞洲民族國家興起的獨立運動風潮揭幕，各殖民地的殖民宗主國，在被貼上侵略標籤的同時，當地的「外籍人士」成為了某種不由分說的替罪羊，紛紛被迫撤離當地。

回到荷蘭的這位祖父，恰巧就成為了羅斌家族的鄰居。年紀尚小的羅斌，總喜歡到祖父家玩，因為和羅斌的家比起來，雖然外表看似相似的兩棟屋子，祖父的家在門後卻別有洞天。

對於羅斌來說，祖父的屋子像是一個從遙遠神祕東方漂流而來的房間。祖父將多年來遊歷亞洲各國所蒐集的各種藝術品、字畫、家具、日用品……全都擺放在屋子裡，就像是一個融合了亞洲各國文化的小型博物館，而比博物館更引人入勝的是，這些物品在祖父的家裡，不只是陳設或擺置，而是實實在在地將另一種揉雜了東方文化的生活方式，沾染在屋子內所有的物物事事。祖父會寫幾個漢字、也會烹調印尼食物、用幾種亞洲地區的語言和人打招呼，那些充滿異國情調的物品，因而不僅僅是千里迢迢從東方搬運至西方，也成為了祖父在荷蘭日常生活的一部分，一種東方生活的延續或移植，彷彿那也是某種憑弔青春的形式。

羅斌因此常常黏著這位祖父，聽他述說遙遠東方那些充滿了黃皮膚、黑頭髮、黑眼珠人

羅斌對偶戲最早的記憶，是三歲的時候看的電視節目，那也是他初次的戲劇啟蒙。（羅斌提供）

對羅斌來說，祖父的屋子像是一個從遙遠神祕東方漂流而來的房間。（羅斌 提供）

物的故事。祖父像是一個歷經各種磨難與挑戰的奧德賽，在追尋與回歸之間，完成一次又一次的冒險，而那些曾經銳利的敘事在日後聽起來，卻已然虛實難辨，最後成為一句句的告誡或啟示：我曾經被日本人囚禁五年，你以後千萬不要跟日本人有任何關係……上海是一個很骯髒的地方，你一定不會想去……

這是羅斌第一次透過帝國的殖民之眼所看到的東方人形象。在他了解何謂種族、國家、帝國與殖民這些複雜的概念之前，「東方」像是一個沉默的鄰居一樣，寄居在祖父的屋子裡。

漢學家羅斌的「偶戲研究」

中學畢業之後，羅斌進入荷蘭萊登大學漢學系也因此是一件有脈絡可循的事。「中國」成為羅斌真正進入東方的一扇門。東方於他而言，不再只是一個充滿故事與擺設的隔壁房間，羅斌先是透過學習一門全新的語言，大量閱讀相關的文本，來理解一個擁有悠久歷史的異文化，進而下定決心投入研究中國古典文學，從四書五經、元雜劇、明清小說開始他的東方之旅，並且以「偶戲研究」為主題踏出他成為漢學家的第一步。

後來，在古代文獻中疊床架屋，整理一個理論上的中國已然無法滿足羅斌。一九八六年，他決意前往中國，那個遙遠的東方國度，針對自己的研究進行實際的田野調查。他知道自己不是像祖父那樣帶著殖民之眼的西方船員，做為一個漢學家，他希望在後殖民情境下的中國，進行更深入的學術研究。

然而事與願違，來到中國廈門進行田野調查的羅斌發現，事情比他想像得更糟、更難以掌握。當時的中國，生活習慣與衛生條件都讓羅斌吃足了苦頭，他睡在從沒睡過的硬床，生過幾場沒來由的病，吃著味道複雜的料理。不過，在襖熱難耐的華南氣候裡，流著大量汗水的羅斌，從來沒有覺得自己的決定是錯誤的，他知道自己也在經歷著某種「奧德賽」，所有的挑戰與困頓都有所依據，他仍舊是那個對隔壁鄰居充滿異國風情的屋子感到無比好奇的小男孩，只不過，這一次他所推開的是一道通往真實世界的門。

那是所謂的「後文化大革命時期」，百廢待興的歷程中，其實正是像羅斌這樣的文化工作者最好的戰場，也是學術研究最肥沃的田野。停留在泉州的一年，他遍訪了大多數鄉鎮地區的偶戲劇團，認識不少泉州好朋友，做了一系列的深入研究，一年後便回荷蘭完成碩士學位，進度之快，也像是一場逆行的小革命，要用更快的速度趕上傳統文化的凋零之速。

一九八八年，羅斌再度回到廈門，打算給自己五年的時間學閩南話，那時的他已經完全對閩南的偶戲文化著迷，他知道要了解一個地區的文化，就必須先要學會說他們的話。就像當初學北京話一樣，羅斌的語言天分也許不僅來自於一種「天分」，更多的是對於這個語言背後的文化的「認同」。

當時的中國情境仍屬封閉，政府對於外國人多所限制，為了長久地待在這個地方，羅斌在廈門的雙十中學謀得一份教授英語的教職，便於申請一份官方認可的「工作證」。做為一名不管怎樣寬鬆地看待，都是百分之百的「外國人」，卻又讓他在當時的中國社會始終無法真正取得在社會認可下那張真正的「工作證」，而教書畢竟不是他真正想做的事。

隔年，六四天安門事件爆發，中國的政治情勢一時間風聲鶴唳，即便是身處風暴中心以外的羅斌，也感受到了某種細膩的危險，這種危險造成了人與人之間關係的變異，互相猜忌、保守行事，讓原本封閉的中國社會，更加令人窒息。羅斌想要離開，但不想逃離，於是在機緣巧合中和當時瑤族的女友回雲南昆明，甚至還與中國友人在當地合開服飾店，讓他暫時得以遠離那個壓迫的環境。

那是一個專門販賣仿冒商品的服裝店，用以假亂真的商標在市場中生存。不過買的人未必不知道那是仿冒品，有的時候買賣雙方其實共同擁有一份不說破的默契，這也像是某種供需平衡的關係，真品與贗品在這個世界都共同被欲望著。

擁有屬於自己的東方

一九九〇年的秋天，返回荷蘭的羅斌賦閒在家，一個極為平常的荷蘭式秋天，他還不知道這個秋天即將發生的事，將會影響他往後二十幾年的人生藍圖。

羅斌在那年秋天擔任「荷蘭國際偶戲節」的翻譯接待人員，由於羅斌能夠聽、說閩南話，自然而然就被分配到接待當時台灣數一數二的布袋戲劇團「亦宛然掌中劇團*」。那是他第一次與「台灣」的不期而遇，隨團翻譯的結果是，他深深地被團員們豪爽不羈的生活方式所吸引，那是他在中國，甚至在廈門，乃至於泉州的鄉鎮都沒有感受過的一種隨性與自在。

劇團團員們在飯店自己炒菜、做飯；白天在荷蘭的運河上釣魚、晚上結伴縱情於酒吧；

一九八六年，羅斌前往中國泉州，針對自己的研究進行實際的田野調查。停留泉州期間，他遍訪了大多數鄉鎮地區的偶戲劇團，也認識不少泉州好朋友，做了一系列的深入研究。大學時期的羅斌(上、右下)；國畫的自畫像(左下)。(羅斌 提供)

面對演出卻又顯得專注而游刃有餘，羅斌因此也第一次接觸到優美細膩的台灣布袋戲……短短幾天和他們生活在一起的經驗，讓羅斌不由自主地產生了某種歸屬感。相較於中國的傳統偶戲團，台灣偶戲團從生活內裡所散發出來的自由的生命力，讓他彷彿看見了傳統藝術的最大值，一種生猛有力的藝術與生存形式。羅斌開始對這座鑲嵌在太平洋西岸的蕞爾小島感到無比的好奇，這已經不是那種單純的對於「神祕東方」的想像，對於「台灣」，他彷彿產生了莫名的認同感。

「當你變成外國人的時刻，你突然變成在異國的大海裡的一個小島。你的痛苦與快樂變得更激烈。你遇到的環境愈『異』，你就愈回到你的『島』上，因此旅行也是一種心理的旅行，前往了解對自己的認同、為人與文化。」羅斌曾經這樣定義「旅行」，也許正因為如此，他下定決心要再一次把自己拋擲到一個陌生的地方。

羅斌抓住機會申請「荷蘭科學院博士研究獎學金」，並且將學術田野選定在台灣，在高

＊「亦宛然掌中劇團」是台北地區知名布袋戲班。一九三一年（昭和六年）由大稻埕人李天祿創立。李天祿十三歲在「華陽台」布袋戲班當二手，十六歲出掌「新賽樂」頭手，二十歲掌「樂花園」頭手，一九三〇年入贅陳家，一九三一年組「亦宛然」戲班。尤其擅長將京劇豐富的表演元素融入布袋戲中，獨樹一幟，人稱「外江派」（指外地、非本土劇種門派）。一九四五年到一九五〇年代是台灣布袋戲的鼎盛時代，亦宛然的內、外台戲不斷，成為台北頂尖戲班之一。一九七〇年代電視布袋戲興起，風行「金光戲」，傳統布袋戲轉趨沉寂。一九七四年法國的班任旅（Jean-Luc Penso）等青年學生先後來台，拜在李天祿門下學藝，成為亦宛然在海外的傳人。

一九七七年李天祿赴香港藝術節演出，此後，亦宛然多次獲邀到法國、日本、美國、歐洲等地，傳播台灣布袋戲於海外，成為國際偶戲界知名劇團。亦宛然門下的海外學徒中，組班的有法國小宛然、澳洲也宛然、美國如宛然等；國內的有弘宛然、中宛然、少宛然、微宛然、巧宛然、學宛然、隆宛然、山宛然等，成為「宛然布袋戲家族」，為薪傳布袋戲展露生機。李天祿有二子，長子陳錫煌（承母姓）、次子李傳燦皆為專業布袋戲演師。一九九八年李天祿辭世，亦宛然由次子接掌，承續父業，並以李天祿布袋戲文物館（一九九六年開館）和李天祿布袋戲文教基金會（一九九七年成立）為基地，傳承和推廣布袋戲。（資料來源：台灣大百科全書）

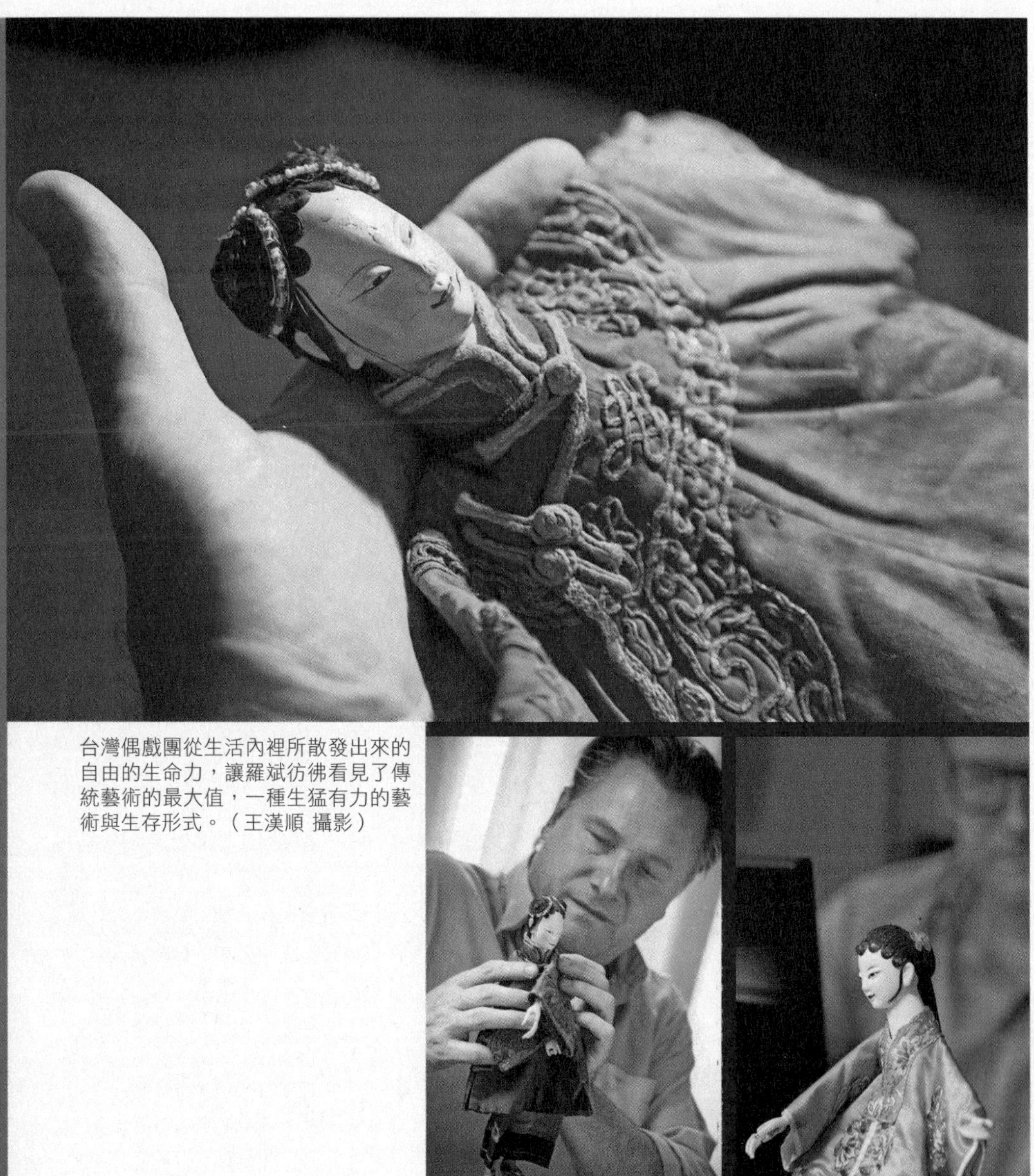

台灣偶戲團從生活內裡所散發出來的自由的生命力，讓羅斌彷彿看見了傳統藝術的最大值，一種生猛有力的藝術與生存形式。（王漢順 攝影）

雄與台南進行為期三個月的偶戲研究。在台灣布袋戲研究先驅江武昌和許多熱情的台灣文化工作者的協助下，這三個月就像是經歷了一場「台灣生活入門」的訓練課程，讓初來乍到這片土地的羅斌，像是無縫接軌似地相當適應台灣生活的種種細節。

所以他自然而然學會一點道地的台語；嚼著檳榔西施特別包給他這個「阿兜仔」的加料檳榔；大啖夜市裡各種臟器或煎或炒、熬煮而成的美味小吃；愛聽著文夏與紀露霞的台語老歌。

對羅斌而言，來到台灣好像從來沒有適不適應的問題，這樣一個既陌生又熟悉的島嶼，不僅給了他一種忽遠忽近的距離感，還讓他藉由這樣的距離，時時刻刻地重新確認自己的存在。

「台灣人很急，又很友善。要了解一個國家，就看他們的交通，台灣人會闖紅燈，騎摩托車的人很多，騎腳踏車的人少，都很急很急；什麼可以賺錢就一窩蜂」、「這幾年來，大稻埕的變化很大。容積移轉的政策帶來非常正面的影響，很多有良心的建築師用傳統的方法、材料修復，甚至把新房子拆掉用傳統的方式重蓋。」當羅斌對台灣的描述愈來愈寫實而細膩、切身而有力，像是在抱怨往昔的自己，他知道他已經離不開這座褉熱的島國、擁擠的城市，他彷彿已經被吸納成這座島的一部分。

就像是當年祖父記憶中那個充滿各種冒險故事的東方，羅斌也擁有了屬於自己的「東方」。

對羅斌而言，來到台灣好像從來沒有適不適應的問題，這樣一個既陌生又熟悉的島嶼，不僅給了他一種忽遠忽近的距離感，還讓他藉由這樣的距離，時時刻刻地重新確認自己的存在。（王漢順 攝影）

有創意的博物館館長

羅斌一九九三年定居台灣之後，便從原本的漢學研究逐漸轉移致力於台灣傳統偶戲的研究與典藏，以台灣的布袋戲文化為素材，一方面在國際上發表各種研究報告，另一方面試圖在傳統文化中，引入現代的概念，進行創新的實驗與行動。當初會從傳統的漢學研究移轉至偶戲研究，也是由於羅斌無法再從學術上的知識獲得滿足，他需要更貼近生活、更具有實踐力的研究對象，台灣傳統偶戲因此成為羅斌的最佳選項。

一九九七年，因緣際會下，羅斌認識了林經甫醫師，林醫師不僅是台原藝術文化基金會的董事長，也是台灣最重要偶戲收藏家。兩位分別來自東方與西方的偶戲迷，自然而然成為無話不談的好友，兩人分享著彼此對於偶戲的熱愛與夢想，一拍即合，林醫師便邀請羅斌擔任台北偶戲博物館籌備處的負責人，共同創造一個國際性的台灣偶戲博物館。因此，從台北偶戲博物館的籌備工作開始，羅斌便逐步地實踐他的理想，終於在二〇〇〇年先是與林經甫醫師創立了「大稻埕偶戲館」（林柳新紀念偶戲博物館*前身），同年並成立台原偶戲團。林柳新紀念偶戲博物館座落於西寧北路，與台原偶戲團比鄰而居，建築物的外觀和四周的建築並無二致，彷彿並不刻意將藝術與日常生活切割開來那樣。博物館裡還保有台北舊城區那種老式的狹長空間，台味十足的洗石子地板，樓梯陡而狹仄，像是一個傾斜的甬道，那種空間上的壓迫感反而讓人有走入另一個時空或闖進另一個世界的錯覺。一進博物館的左手邊，便是一扇開放式的偶師工作室，工作桌上、地板上散置著各式半成品的人偶或殘餘的木料，這終究不是一間講究某種現代化秩序的博物館，在羅斌的精心設計下，這間博物館不只是一個文物展示廳，他希望能夠讓博物館裡的所有物事都能夠與這間老屋子對話，好像它們本來就應在那裡一樣。

羅斌是個充滿創意的博物館館長，他規劃出「醜容院：閩南小丑戲偶文物特展」、「從亭仔腳看布袋戲」、「見鬼：神鬼信仰與偶戲及面具的關係展」以及博物館天台的「越南水傀儡互動裝置」……等等具備了知識性與趣味性的展區。即便博物館空間不大，但是每一處都像是一顆顆按鈕，開啟一個個更廣大的對於博物館的想像。

「我不像公務員，我比較亂一點！討厭把課本貼在牆壁上，所以花很多精力撰寫大家都能接受的介紹文字。」羅斌用最淺白直接的語言與譬喻說出自己對於一個博物館的簡單堅持。

這樣的行事風格與理念也反映在台原偶戲團的作品裡，羅斌深知做為一個創作者，必須要在每一次的創新實驗中回應這個社會中的某些問題，並且與身處的這片土地以及大眾發生新的連結與關係，作品本身才具有生命與可看性，否則只是一場又一場無機的消耗。

「傳統的布袋戲節奏慢，講話多，這是很大的問題。所以現在就會把節奏加快，適度加上字幕，調整語言，還要有好的劇場技術……」羅斌所指出的這些問題，其實並不是什麼

＊林柳新紀念偶戲博物館位於大稻埕古城，鄰近碼頭淡水河邊的西寧北路上，與台北市保存最完整也最具歷史意義的迪化老街比鄰而居。兩棟並立的四層樓歷史建築共有兩百坪使用空間，分別規劃為：博物館辦公室、雕刻工坊、DIY教室、偶戲特展室、精品典藏空間，以及適合各類專業演出的納豆劇場（表演廳），可謂設備完善、功能齊全。館方除了不定期策劃各項偶戲展覽使來訪群眾拓寬視野外，也開設有布袋戲雕刻製作、偶戲大師示範表演、親子偶戲劇場、傳統偶戲技術推廣等課程；另外，也為學校團體提供專業的導覽與表演，為的無非是讓參觀者可以親自體會到偶戲表演的樂趣及美感。（資料來源：文化部地方文化館網頁）

創見，但是這樣的改變絕非只透過一齣戲就能夠完成一種藝術類型的典範轉移，唯有一而再再而三地以各種角度接近那個完美的平衡點，一種新的藝術形式才得以被定義。羅斌透過台原偶戲團，所要實踐的便是這樣一條「道阻且長」的革命路徑。

「林柳新紀念偶戲博物館」與「台原偶戲團」像是羅斌的左手和右手，前者以典藏與學術研究深化並發掘台灣偶戲的藝術性，後者則以跨界顛覆的手法，將偶戲從傳統藝術的領域解放，激盪出更具當代感染力的表演形式。

二〇〇一年，羅斌首部編導的偶戲《馬克・波羅》便是最佳的例證。這齣描述「西方遇見東方」的愛情故事，形式上雖採用台灣傳統布袋戲的舞台及套式，但在劇本情節與角色刻劃上，羅斌卻大膽跳脫傳統愛情戲慣用的文面書生，安排一個年輕氣盛甚至有些輕浮的義大利少年做為主角，甚至對白也是台語和義大利語交錯使用，後場音樂更是南管、北管和義大利歌劇交錯呈現。

「文化的跨越一定是正面的。在一個完全不一樣的文化裡面，就更了解自己的各個方面，並提供另外一個文化一些新的觀點，這個滿有意思的，會發生一些火花。」羅斌對於跨文化的偏好，讓他總能夠從看似最傳統、古老的東西裡，發掘出嶄新的面向。然而「跨文化」的目的並不僅僅在於文化間的交流或衝擊，而是要在新的文化意涵中，再度確認自身的文化主體性，接合傳統與當代，將其視為某種動態的流變過程，創新的過程中，其實也正在涵養並厚實傳統的土壤。

羅斌在「台灣不見了」（TOUCH TAIWAN）的巡迴演出中，便試圖提出一種「主體缺席」

林柳新紀念偶戲博物館座落於西寧北路，在羅斌的精心設計下，這間博物館不只是一個文物展示廳，他希望讓博物館裡的所有物事都能夠與這間老屋子對話，好像它們本來就應在那裡一樣。（王漢順 攝影）

的可能，以工作坊的模式，經營一種互動式的培力過程，讓參與者成為表演者，主動地填補空缺，主體性在演出中於焉產生。因此，「台灣」並非不見，而是透過這樣的藝術行動，一再地被指認出各種「台灣的可能性」，那「不見的台灣」，總是等待著被填補、詮釋、命名。

「台灣不見了」（TOUCH TAIWAN）透過「原住民演原住民的故事」這樣簡單的理念，在全台十幾個原住民部落巡演的過程中，挖掘出原住民自身的口傳故事。原住民小朋友們拿著自己製作的皮影道具，說著不甚熟練的族語，在白色投影幕的後方搬演自己祖先的故事，手上所有微小的物件投過燈光的照射，都成為了一道道巨大的影子，彷彿是一種原始的魔法，戲結束之後，真正關於土地記憶被喚醒的故事才真正開始。

在一封寫給台北的情書中，羅斌曾經這樣寫道：

我得承認，我愛上台北。夏天的深夜，計程車跑在新生高架橋上，下雨。車上沒有冷氣，窗打開著，而我可以清楚地聽到收音機的聲音，最好是文夏的歌，但其他音樂其實也可以……有一點醉，但很清楚感覺到城市的存在，一切都很完美。我看到無數霓虹燈的影子映在溼的街道上；台北晚上的妝上得很濃，像個夜貓子。她是我的多情公主。

羅斌與他的多情公主之間的愛戀，彷彿也像是那一道道巨大的光影，光存影存、光滅影滅，誰也離不開誰了。

羅斌對於跨文化的偏好，讓他總能夠從看似最傳統、古老的東西裡，發掘出嶄新的面向。
（王漢順 攝影）

房間裡的星圖。

10

來自美國的劇場藝術創作者郭文泰

○馬思源

占據他人生近半時光的台灣經驗，以混雜性的面貌誘引、啟發他步向自我與創作上的熟成。然而，這一條曲徑並不總是浪漫多采的……

二〇一三「開房間」計畫《不會有人受傷》。（郭文泰 提供→）

BANANA REPUBLIC

人物小傳

郭文泰（Craig Quintero，一九七〇年～），出生於美國蒙大拿，曾於就讀西北大學（Northwestern University）戲劇系期間，選修中文為第二外語，並赴中國大陸北京、南京等地學習中文，初次接觸京劇。一九九二年大學畢業，獲扶輪社獎學金，於台灣文化大學戲劇系學習京劇近一年。就讀西北大學表演藝術研究所時，以台灣的電子琴花車秀為碩士論文主題；一九九七年獲蔣經國獎學金，來台進行研究，並於二〇〇〇年以優劇場及台灣小劇場相關研究獲得博士學位。

除了學者身分，郭文泰做為一位劇場藝術創作者，也以其特殊風格為台灣觀眾所熟悉。一九九八年由小劇場聯盟主辦的「第一屆放風藝術節」，郭文泰以《出山》一作受到台灣劇場界的矚目，並於同年成立河床劇團（Riverbed Theater）。

「米」系列三部曲《鍋巴》（一九九八）、《稀飯》（二〇〇一）、《爆米香》（二〇〇五）引起的好評與迴響，使得河床劇團獲選為二〇〇七年法國亞維儂off戲劇節（Avignon Off）的台灣團隊之一，演出深受歐洲觀眾喜愛，於二〇〇八、二〇一〇再赴亞維儂，並陸續至法國Robert-Desnos文化中心、德國想像國際偶劇節進行巡演。

河床劇團成立至今，已發表了逾二十齣劇場作品；另涉足錄像藝術、行為藝術、裝置藝術、展覽及行動策畫等不同領域，與多位台灣及各國的藝術家合作，具現了當代跨界藝術的多變風貌。自二〇一一年起，郭文泰及河床劇團策劃的「開房間」計畫，在旅館、美術館等不同場地演出，廣受藝評和觀眾熱烈討論，並曾獲選為第十屆台新藝術獎十大表演藝術作品之一。

長年與台灣創作者合作的郭文泰曾於美國多所大學、台灣實踐大學等處任教，自二〇〇二年起定居台灣。現為河床劇團藝術總監、美國格林內爾學院（Grinnell College）戲劇與舞蹈學系助理教授。

（郭文泰 提供↑→）

「我從不懷念二十年前的事物，而只會懷想著明年……」郭文泰總是如此描述做為一位藝術創作者的心境：永遠面對新異的挑戰，不計成敗，追求每次機會實現「最棒的下一個作品」。失敗，是創作者無可迴避的普遍經驗；平日予人印象集樂觀和嚴肅於一身的郭文泰，其實「一直都與焦慮相伴」。來台逾二十年的郭文泰，正是在台灣，尋到了必要的刺激與足夠的安頓。

四十歲出頭的郭文泰，仍屬青年創作者的年紀，而占據他人生近半時光的台灣經驗，以混雜性的面貌誘引、啟發他步向自我與創作上的熟成。然而，這一條曲徑並不總是浪漫多采的，如同詩人、劇場導演鴻鴻於二〇〇四年完成的紀錄片《台北波西米亞》，記錄一群生活在台北，長年熱衷劇場創作與演出的年輕人，直擊了小劇場創作者艱困的生活──有時甚至朝不保夕。創作與生存之間的張力，是險峻的現實、也是迷人的挑戰；充滿焦慮的時刻，也許就試著換個環境。笑談生活難題的郭文泰，他的選擇是……「開房間」？

推開門再推開門。上面
是一個門的世界──推開門
再推開門眺望門外到達不了的地域
推開門
再推開門……

──零雨．〈特技家族〉

想像的起點，藝術的啓蒙

一九八八年，郭文泰打開了第一扇門，卻說不上是進去了房間還是走了出來。

當年，他還是個大學新鮮人，來到離學校不遠的波士頓市區，在莫比烏斯劇場（Mobius Theater）裡觀看了美國當代行為藝術家瑪麗蓮・艾森（Marilyn Arsem）的表演＊。二十多年後，郭文泰仍能清晰地回憶起那個奇異的觀賞時刻。

在一個如牯嶺街小劇場＊般的小型空間，表演區只有床、搖椅、桌子、烤箱跟一個小籃子。一開始，演員穿著全身黑色的衣服往前走來，從衣袖內取出一尾魚，魚身甚至還滲著水，她不停地唱著：「A fish's in the water and water's in me...」凝望著觀眾並且持續走近。

走到搖椅處，她坐下來，從籃子裡拿出針、線，把準備好的一雙翅膀縫在魚的身體兩側，嘴裡還是平靜地唱著相同的曲調，像是搖籃曲，又似安魂曲。翅膀縫好後，又幫魚縫上雞腳，再懸掛到舞台上方；這時，你可以想像舞台上同時有鳥、魚、雞在盯著你看。接著，

＊該次表演題為："Dreams (breathe/don't breathe) of Home"。瑪麗蓮・艾森曾受邀來台於「二〇〇三牯嶺街小劇場藝術節」中演出此作品。

＊該劇場原址於日據時期（西元一九〇六年）建置成為日本憲兵分隊所。一九四五年，國民政府接收後，是為台北市警察局「第七分局」，並於一九五四年擴建為三層樓建築體。至一九九三年，因應行政區劃法的調整，警察局名稱先後再更易為「古亭分局」及「中正二分局」。一九九五年，「中正二分局」遷至重慶南路與南海路的現址，原址經藝文界人士奔走爭取，台北市政府乃於一九九六年將該址規劃為藝文劇場。至一九九八年台北市政府新聞處將「中正二分局小劇場」委託民間藝文團隊營運管理，為國內唯一定位為前衛劇場之表演場所，亦為台北市首件閒置空間再利用案例。一九九九年，新聞處移交該業務予甫成立之台北市文化局，賡續市產空間委外政策。並於二〇〇一年，再易名為「牯嶺街小劇場」。今天，牯嶺街小劇場是國內外劇場工作者的集匯之心，具體落實成為人文藝術共生與融合的創意據點，馳名亞洲。（資料來源：牯嶺街小劇場網頁：http://www.glt.org.tw/?page_id=13）

她剪下了一些自己的頭髮、混在麵糰裡做成麵包；幽暗的劇場飄著烤麵包混和著燒焦頭髮的味道，小麥香透著刺鼻的氣味。

隨後，女演員在桌上將黏土般的材料捏製了一些物品，走到床邊脫下衣服、展露了自身四、五十歲中年婦女的身體。當她掀開被子時，床上已放置了豬的大骨，她躺上床，與骨骸共枕同被。此時，桌子下方爬出來一個穿著英式服裝的八歲小女孩，樣子有點害羞；她走到桌邊，拿起盤子上盛著的像是黏土捏成的塊狀物，一邊微笑看著觀眾，一邊把盤中的東西一個個吃下去，嘴裡還發出嗡嗡的高音。

燈光在男孩的哼吟聲中漸漸收暗，表演結束。

原先，郭文泰是為了撰寫學校刊物上的報導文章而去的，在經歷了多數觀眾摸不著頭緒的表演後，他帶著無以名狀的感受走向演員瑪麗蓮，向她坦承看不懂這個作品，卻又湧現許多無以言喻的感受，兩人就這麼交談起來。

慢慢地，也許是因為表演時貫穿一切的沉緩節奏仍然在發散，郭文泰聊到了當年爺爺中風後，在醫院病房裡掛著呼吸器的喘氣聲、機器的跳動聲，還有病房的氣味、爺爺的身軀，「突然間，許多畫面『跑』回來了」。像是地層水找到了溢口，年輕的郭文泰訴說著看似無關的幼年經歷：在圖書館裡偷偷翻閱二次世界大戰的相關書籍，震懾、迷惑於書中刊載著戰場上與集中營裡屍體橫陳的畫面……

這齣揉合了暴力、甜美、生與死的作品彷彿並未隨著燈滅而消逝，反倒令對劇場一直有興趣卻又不滿足的郭文泰，察覺到了不同的可能性正在眼前展開。那也許就是詩意想像的起點。

「我想你看得懂」，聽完郭文泰短暫描述了自身回憶後，瑪麗蓮告訴他：「你看得懂這個作品。」

回程的路上，十八歲的郭文泰滿腦子都是這齣作品的許多畫面，「那些畫面就像是一道門，門後通往我自己。」

或許是由於自幼熱愛表演，這一次藝術「啟蒙」經驗，引領郭文泰深入探勘個人體驗的意識與非意識層面，像是步入一座地下城，各種不同路徑都隱含了「溝通」的無窮可能。

生長於新英格蘭地區的郭文泰，年幼時期就隨著母親每週赴教堂參加聚會。教會裡，眾人虔誠且富感染力的歌聲，來自於唱詩班成員的熱情引領，以及教友的歡悅投入；年歲尚幼的郭文泰，感應了直接而單純的溝通方式，十分自然地成為其中一員。這是他記憶所及，「表演」一生涯的小小開端。

然而，這一份興趣，在他的成長過程中扮演的角色愈來愈重要，卻也難再止於幼時教堂唱詩班裡的單純喜悅。高中時期的郭文泰，自編自導兼演了多齣意象劇場作品，無以名狀的表達衝動與日俱增，反而使他愈來愈無法得到滿足。從今日橫跨裝置藝術、策展、劇場等多種領域的郭文泰回望，當年的「不滿足」可說是藝術創作者普遍經歷的創作焦慮；不過，對早熟的少年郭文泰而言，這焦慮卻像是直逼眼前的黑洞，必須以全身心與之抗衡、試圖穿越。

瑪麗蓮無疑為他敞開了一條穿越黑洞的路徑：異中見同、轉化人我界線的一條直觀的路徑。這一次的觀演經驗，悄悄連通了現實世界與記憶的私密角落，他明白了優秀藝術作品具備的質素與力量：觀者像是一條靜默的管子，有些奇異的聲響和微光毫不遲疑地透入、滑了過去，彼端雖然朦朧，卻能隱約辨識出心靈的倒影。

文大生活是體驗台灣的起點

「管子」對於郭文泰而言並不僅是比喻，更是他所創作的眾多場景中，時常出現的具體物件。郭文泰曾笑言不知如何解釋半透明管狀物在他多個作品中的含意。「人不是容器，人是導管，快樂流過，悲哀流過，導管只是導管。」（木心．〈同車人的啜泣〉）也許，那就像是一道「眾妙之門」，門後隱隱通向藝術世界裡的永恆命題：溝通的欲望。

參與北美館「真真——當代超常經驗」展的二〇一三「開房間」計畫剛剛落幕，郭文泰又馬不停蹄投入一個新「房間」的創作。從一九九八年在台灣創立河床劇團以來，每一次打開劇場的房間，他都在迎接觀眾「進入自我」：穿越一道曲異的鏡面，回到微微動盪後的原處。

「劇場就像是一面鏡子，我想讓觀眾凝視鏡中、看見自己，而不是鏡框和鍍了水銀的玻璃物體。」郭文泰總是如此解釋著他的創作核心。對他而言，跨越太平洋來到台灣的過程，也像是經歷了身心遍處的微微震盪後，遇見了未來的自己。

旅程是一份打開未知的契機，尤其當你在途中，不時望著記憶與經驗的孔隙時……

郭文泰記憶所及「表演」生涯的小小開端，是年幼時隨母親每週赴教堂參加聚會，在教會唱詩班成員的熱情引領下，使他自然成為其中一員（左上）。（郭文泰 提供）

郭文泰在美國塔夫斯大學時期曾演出《九重天》中的貝蒂和愛德華，並曾在文化大學時學習國劇，扮演《法門寺》中的小生傅朋。（右上、下）。（郭文泰 提供）

「我剛來台北的時候，有些莽撞。」一九九二年，郭文泰大學剛畢業，申請到一份扶輪社獎學金，預計前往中國大陸學習、研究傳統戲曲。無奈彼時中國並無相關組織，因此，他決定先在台灣停留九個月後，再赴大陸繼續原先的計畫。

那時正是盛夏，天氣悶熱難耐，郭文泰初來台灣，沒有預定住宿、搭錯公車路線，輾轉折騰大半天，終於坐上了往陽明山的260公車，抵達文化大學。暑期校園人跡稀少，郭文泰對於未來的生活要從哪裡開始，毫無頭緒。

「山上的野狗見到了我，忘情地狂吠著，似乎他們也知道我是個剛剛抵達不久的陌生人。」這種茫然的時刻雖然短暫，卻也讓郭文泰印象深刻，彷彿全身感官正在緩緩甦醒、等待迎接前所未有的文化刺激。好不容易遇見一位學生，領著郭文泰投宿沒上鎖的研究生宿舍。寢室空蕩蕩的，僅有一張床板，房裡沒有冷氣燠熱不已，中文仍不熟練的郭文泰就這般開始準備一個月後的入學考試。

以孤獨開始的文大生活，是郭文泰台灣體驗的起點。他每天花了許多時間待在涼爽的速食店裡苦讀中文、背誦成語，「那時候我常常恍然自問：我到底在做什麼？為什麼我會在這裡？」如果沒有通過入學考試，郭文泰就只能被迫放棄獎學金；大學剛畢業、沒有積蓄的他，就得想辦法再買一張機票回家。幸運的是，雖然郭文泰自認入學測驗成績不理想，卻憑著他高中以來豐富的劇場編導經驗，而得到系主任的青睞、通過申請，就此正式展開台灣的生活。

一九九二年，立法院通過「刑法一百條修正案」、「萬年國會」在立法委員全面改選後終結。解嚴不久的台灣，正朝自由與法治社會的理想前進；而街頭仍能嗅到突圍的快意，各式生猛言論紛紛出籠。

在台灣，原來劇場也可以這麼做

自一九八〇年代引進西方經驗、樹立鮮明旗幟的台灣「小劇場」，也在此時出現了轉折——從前衛到另類的轉向與自我更新。紀蔚然在〈探索與規避之間：當代台灣小劇場的些許風貌〉一文提到：「九〇年代初期，台灣的小劇場已改弦易轍，從積極的文化干預轉為消極的文化參與。」由於社會環境改變而產生的這一轉向，浮現了台灣小劇場的游移性質，也突顯了困境所在：一種「解嚴焦慮」。夾處於外來文化影響與本地轉化之間，台灣小劇場面臨美學實踐與社會關懷的諸多難題，而這也是創作者發展表演策略與劇場形式的基礎。

彼時，郭文泰也在許多能量高張的表演現場，覺察這份激化的「溝通」欲望，正在迸射一道道耀眼的星芒。「那時候我對田啟元的『臨界點』*印象十分深刻。許多小劇場的作品都在張狂地質問：我是誰？」對於初識台灣的郭文泰來說，雖然覺得有意思，卻也覺得露骨了些。面對急迫而複雜的「認同」難題，小劇場的前衛傾向其實正在直接而具體地回應、質問眼前社會、文化環境的劇變。了解了這些劇場作品所對應的深層歷史脈絡後，郭文泰

＊臨界點劇象錄劇團，由田啟元等人成立於一九八八年，是台灣甚具代表性的小劇場團體，作品有《毛屍》、《平方》、《白水》、《瑪莉瑪蓮》等。

訝異、驚喜於「原來劇場也可以這麼做」。

相較於台灣成形中的多元社會，郭文泰來台前一年的中國行，既使他體驗到傳統文化的刺激，也令他感受到某種限制。在南京，郭文泰首次觀賞了「京劇」，並得到機會參觀後台；後台則正上演著生活的真實：每個人都各有各的事作，化妝、吃飯、小睡、吊嗓、拉筋，看似秩序混亂卻又毫無違和感。

短暫的中國遊學經驗，令郭文泰對東方式的劇場傳統耳目一新，也被這一種陌生的劇場形式所觸動。不同的文化養成所要求的訓練方式和設計觸角，雖然帶來了許多限制，卻也提供了無窮的可能性。「可能性」，正是郭文泰面對自我生命、面對藝術創作時，無時或忘的關鍵詞；同時也是他來到台灣後，感觸最深的面向。在中國，郭文泰發現「傳統的事物大部分都被消滅了；他們的視覺藝術很發達，表演上卻仍然得審查劇本。相對於中國，台灣的環境則十分自由，不時給人新鮮與刺激感。」

郭文泰來到台灣可說出於偶然，這份機緣卻也徹底改變了他心中的盤算。

在文化大學學習國劇的九個月裡，郭文泰雖然清楚地感覺到身為一位「外國人」的差異性，卻也以最質樸的方式體驗著台北。和許多台灣年輕人一樣，往往在週末清晨，郭文泰才離開舞廳；為了等待第一班公車，他獨自散步到中正紀念堂，坐在廣場邊，看著晨起運動的人們也與他同樣沐浴在台北的曙光中；然後再走往車站、搭著公車搖搖晃晃地爬回陽明山。

陽明山上，則是截然不同的生活。彼時的文化大學戲劇系，教授傳統戲曲的師資是孫元坡、哈元章、李寶春等功底深、師承大陸名家的老前輩們。當早晨的陽光驅散了山間的雲霧，課堂裡身懷絕技的老師吆喝著指導學生，一群年輕弟子勤奮「練功」，專注地把單一的動作重複練到極致完美。這時候，「如果你把眼睛瞇成一條縫隙，你會覺得時間倒轉、自己彷彿回到五百年前，在戲班裡努力練習基本招式。」在課堂上繁重操練的空隙，郭文泰吸收著中國傳統文化的同時，仍不忘觀察、感覺自己所身處的時空：陽明山上渺渺悠然，很容易就忘卻了山腳下正在急速成長、人車忙碌的現代台北。然而，這樣看似衝突的不同場景，卻讓郭文泰為此著迷。

「這些經驗對我影響很大：那時候我還年輕，在有著許多傳統建築的美麗校園裡學習國劇，也在鬧區中走闖、閒看。」郭文泰認為，身處台北，只要有意願，就能夠經歷到許多差異巨大的生活方式。他自己也正是在短短九個月期間，體驗了傳統國劇與前衛小劇場兩種表演的可能性。新舊事物混雜並存的文化背景，造就了充滿異質性、可能性的九〇年代台北，深深吸引著敏銳善感的美國青年。「對我而言，台北是個很美的地方，充滿獨特的活力。從那時起，它成為了我生命的一部分。」

郭文泰曾這樣描述他心目中的台灣：無論日夜，都在迸射十足的能量，就像是童話故事中彼得潘所居住的永恆島（Neverland），島上的人永遠都不會變老。

感到身為「台灣人」的意識

九個月的台灣經驗，在郭文泰的心中，化作各式紛繁意象。返回美國、順利考取西北大學表演藝術研究所後，郭文泰毫不考慮地決定以台灣文化做為他的研究對象。郭文泰曾提及，在印度時見過當地的喪葬風俗，並不哀痛死者的離世，而是祝福逝者前往另一個世界。對他而言，台灣的喪葬習俗同樣具備文化層面上的表演性質，有些誇示意味的電子琴花車秀，轉化哀傷情緒而營造了歡慶的氛圍，迥異於他所熟知的西方文化。郭文泰便以台灣的電子琴花車秀做為他的碩士論文研究主題目。從民俗文化著手研究，郭文泰一面試圖體驗台灣多元性格中的在地性，一面也開啟了在台灣駐地深耕的契機。

一九九七年，正在西北大學攻讀博士學位的郭文泰來到台灣蒐集研究素材，原先預計以八〇年代台灣小劇場運動做為研究主題，卻因對象紛雜、主題龐大，遂改而聚焦於研究「優劇場」為主。當郭文泰著手進行研究時，優劇場方才結束持續多年的「溯計劃」，那是一場跟隨民間藝人學習傳統技藝、參與宗教祭儀及民俗活動的漫長旅程。為了接近研究對象，郭文泰花了許多時間隨著他們一同在木柵老泉山上靜坐、練功，簡樸的自給生活配合著大量的肢體操練，彷彿修道者般鍛鍊著身心。

與郭文泰當年在陽明山上的國劇經驗不同的是：優劇場是從小劇場的前衛氛圍中，轉而向傳統文化尋求一種「台灣人的身體」。肢體訓練和身體觀的探索，一直是台灣小劇場著重的面向，映射著政治、教育等社會建構的支配作用。而優劇場在台灣小劇場中，選擇了一條少見的路徑，受到「貧窮劇場」和中國傳統表演訓練體系的啟發，從劇場的現代性爭論中，回歸至身體技藝的本質探掘。這份選擇，本身便具有文化認同上的高度自覺。郭文泰曾言，優劇場追索「人」的本質，不僅超越了小劇場的政治與社會思辨，也開發了表演

新舊事物混雜並存的文化背景，造就了充滿異質性、可能性的九〇年代台北，深深吸引著敏銳善感的美國青年。郭文泰參與舞蹈演出（左），及執導貝克特作品（右上、右下）。（郭文泰 提供）

型態新的可能性。

受到優劇場積極向民俗活動取經的影響，自一九九八年起，郭文泰連續五年參與了「白沙屯媽祖進香」活動，自苗栗縣通霄白沙屯徒步前往雲林北港朝天宮。優劇場最早於一九九一年便參與了這趟進香活動，隨後有許多小劇場創作者陸續參與。對於藝術創作與民俗儀式的連結，郭文泰的觀察是：「劇場創作者並不是為了學習動作技巧才來進香，而是他們藉著參與這具體的、動態的田野活動去重新認識他們的土地、文化、社會、族群以及自己。」

這趟具有近兩百年歷史的進香行程，得花十天九夜來回近四百公里，對於初次參與的郭文泰而言，身體的疲累疼痛不在話下，但也真切體會到了獲得被島嶼接納的喜悅感受。

「進香行程開始沒多久，我就能感覺到褲子的布料不停摩擦著我的腿，一腳磨得痛了就換另一隻腳使力。後來，兩腳都異常地疼，我只能張著胯部緩緩前進，腳底的水泡不知何時長了好多個。夜裡投宿休息時，一位阿嬤看我走路的怪樣子，就領我過去，用縫衣針幫我把水泡一一刺破。」素昧平生的阿嬤熱心幫助，讓郭文泰有了被當成在地一份子的窩心感受。「其實我很尷尬，走那麼長的路、留了許多汗，腳底又髒又臭，那位阿嬤卻毫不當一回事，十分自然地幫我處理傷口，我很感動。」雖然沒能全程走完第一次的進香路線，沿途過路人、機車騎士的打氣，以及各地信眾熱心提供的食宿、茶水，在在感染了郭文泰。「第二年開始，我有備而來，在腳上貼著銀色貼布，就能減低許多不適。同伴看我健步如常，覺得有效，也來跟我討用。他們自然、沒有多餘禮節的態度，說明了我不再是外人。」

媽祖進香對信眾而言是無上要事，沒有宗教信仰的郭文泰卻在一同參與的過程中，逐步地感到「身為台灣人」的意識也進入了他的內在、不可分割。

一扇又一扇的房門打開

在第一次參與進香活動之後，郭文泰於同年成立「河床劇團」，意謂著他得居停台灣一段時間，與在地藝術工作者一起創作。對於「生活」上的考量，郭文泰直言：「台灣就是我的第二個家！」順利取得博士學位後，二〇〇二年起，郭文泰結束定期往返美國和台灣的候鳥生活，開始定居台北的生活。

在郭文泰進行博士論文的研究時，他也勤於實踐自我的創作，在美國各城市累積了多齣自編自導的劇場作品。一九九八年，甫成立的台灣「小劇場聯盟」舉辦了「第一屆放風藝術節」，以「Living Room, Living Here?」為主題，要求演出團隊在相同的舞台物件之限制下進行創作。郭文泰以《出山》參與了此次盛會，劇中「演員頭上帶著一個巨大的紅色怪瘤，連接著細長的管線，看起來有說不出的詭異」。在許多直言「看不懂作品」的觀眾中，郭文泰以並置不同意象的非寫實手法，也喚起了一部分人進行詩意的想像，使得這齣作品能夠憑藉著優異的意象構連和節奏掌控，而得到劇場人的注目。

隨後，郭文泰便在台灣成立了「河床劇團」。劇團迥異於台灣小劇場注重身體訓練和探索的途徑，而以塑造精緻的視聽意象為目標，演員、劇本和其他要素等量齊觀，儼然揭示了「總體劇場」(total theatre)的創作方向。

「台灣的藝術圈很小，卻很有活力，彼此之間的互助和激盪也十分密切。有時候，你的材料或人力短少，一通電話就有人來幫忙；有時候，你想到了一個點子，總是能找到朋友分享、琢磨。」郭文泰如此形容著許多人擔憂「圈子小」的台灣藝術界。

取材在台灣生活的經驗，郭文泰創作的「米」系列作品《鍋巴》、《稀飯》、《爆米香》，不僅得到台灣觀眾的共鳴，《爆米香》也在二〇〇七年獲選為代表台灣參加法國亞維儂 off 戲劇節的作品之一，並廣受好評，促成與法國劇場界合作的機會。「能夠代表台灣出國演出，是一件很難得的體驗，」郭文泰說明著，「一個外國導演與幾位藝術家製作的非敘事性劇場作品，能夠代表台灣出國演出，就足以說明台灣的文化界不僅接受我們，也支持多元、跨領域的嘗試。」

創立劇團、長住台灣近十五年的郭文泰，目前因為在美國格林內爾學院任教的緣故，一年之中，只有一半時間會在台灣。他發現：台灣有些不同了。

「最近我進劇場看年輕人的作品，發現他們的手法很不一樣，運用了許多他們生活周遭的事件、物品去建立作品。有時會令觀眾一頭霧水，但是我相信他們也在面對『人生的意義』這道難題。」而這樣的面對方式，遠遠地回應著小劇場運動時期的激切質問。「時代有需要，時代也會改變。」郭文泰簡潔地說道。教育環境的轉變，使得年輕人更勇於發表意見、勇於嘗試。郭文泰發現：觀眾也不會太在意是否能「看懂」作品了。

二〇一一年，河床劇團策劃了第一屆「開房間」戲劇節，因為經費關係，想找尋飯店贊

受到優劇場積極向民俗活動取經的影響，自一九九八年起，郭文泰連續五年參與了「白沙屯媽祖進香」活動。身體的疲累疼痛不在話下，但也真切體會到了被島嶼接納的喜悅感受（右上）。（郭文泰 提供）

取材自台灣生活經驗的《爆米香》在二〇〇七年獲選為代表台灣參加法國亞維儂 off 戲劇節的作品之一，也促成與法國劇場界合作的機會（左上、下）。（郭文泰 提供）

助。一開始，當他們詢問創立不久的「八方美學商旅」時，原本不甚抱持希望，卻很快得到對方興致盎然的應允合作。相對於許多小型藝術團體難以得到企業贊助的長期窘境，河床的經驗卻使郭文泰體會到台灣的環境愈來愈能接受、進而支持文化藝術的創新。這份正面的感受也同樣在連續三屆的「開房間」計畫中發酵著。「一次演出、一位觀眾進來房間內裝置的狹小空間，與一位演員面對面，觀看表演。」郭文泰如此描述著「開房間」的展演方式。一對一、無從迴避的「表演」和「觀看」，對觀、演兩方都是挑戰；演出結束的場地，仍有觀眾久久逗留、細細寫下觀後感言。「我想他們都被 touch 到心裡的某個陰暗角落，『溝通』確實在發生。」郭文泰自信地說。

這也正像是十八歲的郭文泰，被瑪麗蓮的表演觸動一般。黑盒子劇場裡，一扇又一扇的房門打開，每一道演出時的聲光顫動，都在鏡中畫出一幅幅隱密的星圖，縈繞在台灣劇場的天空中。

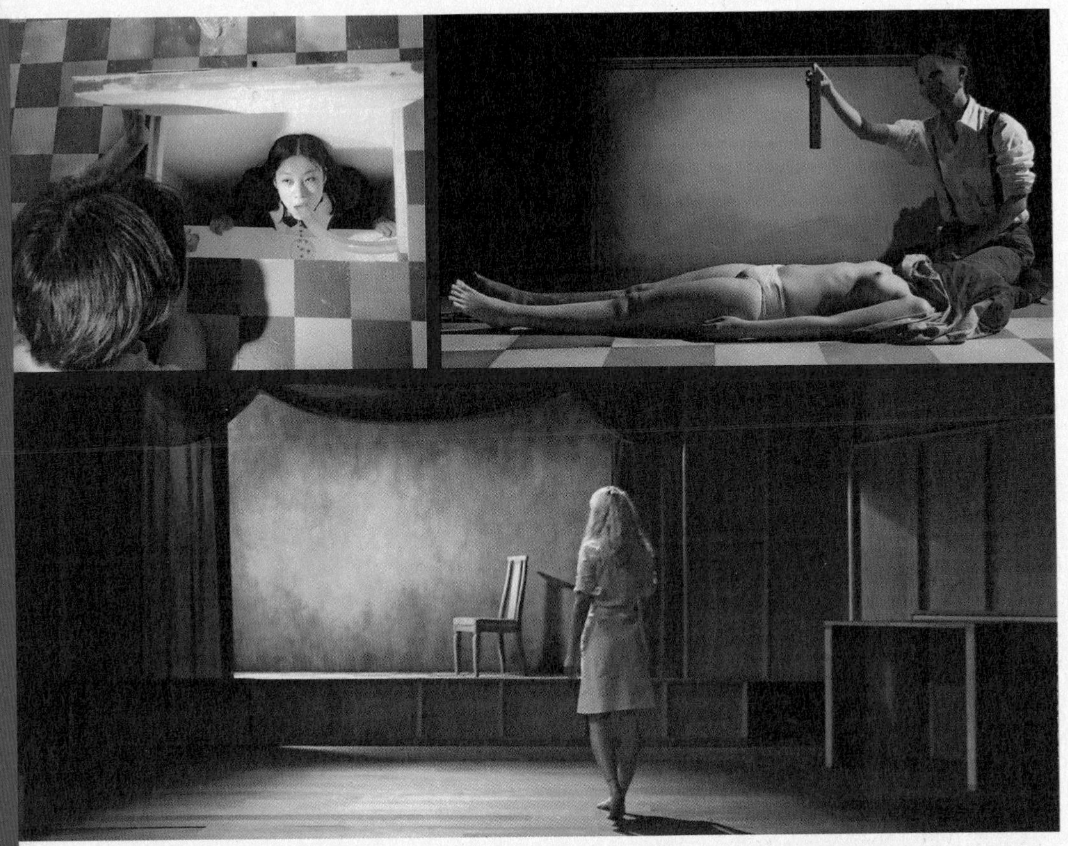

正面的「溝通」和「表演」，對觀、演兩方都是挑戰。左上為第二屆「開房間」戲劇節的作品《入口》；右上為二〇一二的作品《美麗的殘酷》；下圖為二〇一三作品《只有祕密可以交換祕密》。（郭文泰 提供）

國家圖書館出版品預行編目（CIP）資料

臺灣的臉孔：11 位帶來愛、希望與勇氣的外國天使 / 須文蔚等著 . -- 初版 . -- 臺北市：遠流 , 2013.12
面；公分 . --（綠蠹魚 ； YLK63）
ISBN 978-957-32-7315-8（平裝）

1. 世界傳記 2. 外國人

781　　102023314

綠蠹魚叢書 YLK63

台灣的臉孔——11位帶來愛、希望與勇氣的外國天使

策劃單位／財團法人新台灣人文教基金會

指導／張珩

策劃／須文蔚

作者／須文蔚、廖宏霖、陳啟民、謝其濬、陳栢青、馬思源

攝影／王漢順

照片提供／劉一峰、財團法人羅慧夫顱顏基金會、吳若石、丁松筠、丁松青、財團法人台北市基督教救世傳播協會、財團法人雅文兒童聽語文教基金會、財團法人台北市私立愛愛院、嚴沛瀅、羅斌、郭文泰、須文蔚

出版四部總編輯暨總監／曾文娟

資深副主編／李麗玲

校對／沈維君、吳承思、陳儀如、陳啟民、廖宏霖

企劃／王紀友

封面暨內頁視覺設計／黃寶琴·優秀視覺設計

發行人／王榮文

出版發行／遠流出版事業股份有限公司

地址／臺北市南昌路二段81號6樓

客服電話／（02）2392-6899　傳真／（02）2392-6658

郵撥／0189456-1

著作權顧問／蕭雄淋律師

法律顧問／董安丹律師

輸出印刷／中原造像股份有限公司

2013年12月5日　初版一刷

行政院新聞局局版臺業字第1295號

定價 新台幣360元（缺頁或破損的書・請寄回更換）

ISBN　978-957-32-7315-8

YLib 遠流博識網 http://www.ylib.com　E-mail: ylib@ylib.com